U0035969

大師教你
36天學會

風水學

陳哲毅◎著

學習五術的最佳實用教材

　　五術是中國特有的一項文化，自三國時代開始，就將術士稱為「陰陽家」，並欽定四庫全書，正式將「山」、「醫」、「命」、「相」、「卜」歸納為五術，研究這門學問的稱為「五術家」或「術士」。

　　所謂『山』就是透過食餌、築基、玄典、拳法、符咒等方術來修練肉體與精神，以達成完滿身心的一種學問，謂之山。

　　所謂『醫』就是利用方劑、鍼灸、靈治等三種方法，以達保持健康、治療疾病的一種學問。

　　所謂『命』就是透過紫微斗數、子平八字推命術、星平會海等方式來瞭解人生，以窮達自然法則，進而改善人命運的一種學問。

　　所謂『卜』包括占卜、選吉、測局三種，其目的在於預測及處理事情，其中占卜的種類又可分為「周易占卜〔文王卦〕」及「六壬神課」。

　　所謂『相』一般言包括：印相、名相、人相、宅相、墓相等五種，是觀察存在於現象界形象的一種法術。

序言

　　學五術沒有一定的準則，如果您沒有數十萬新台幣求名師指導，那麼多看古書是最直接有效的途徑，如果能將這些艱澀的古書融會貫通，再吸收各個派別的長處，就能夠精進自我的五術知識。然而古書艱澀難懂，常常讓人不知如何著手，而坊間的五術書籍又派別眾多，互有牴觸，常讓初學者無所適從。

　　知青頻道為宏揚傳統固有的五術文化，多年來致力於五術叢書的出版，與許多學有專精的命理界老師共同辛勤耕耘，在內容上跳脫一般五術書籍的艱澀難懂，在編輯印刷上力求創新，深獲各五術團體與五術愛好者的肯定與好評。

　　為了更進一步讓五術初學者也能有入門的優質參考教材，我們特別規劃編輯本書系，邀請國內五術界的前輩大師執筆；這套書是五術大師的研究精華，也是各大五術團體授課的入門教材，更是五術初學者、愛好者不可或缺的最佳讀本。如果你想要真正走入五術的深奧殿堂，這套書就是你的開門寶典。

紅螞蟻圖書公司總經理　李錫東

關聖帝君賜序

基隆普化警善堂正主席　關聖帝君　降文：

時間：九十六年　農曆六月廿九日　國曆八月十一日（星期六）
　　　夜九點卅六分

詩曰：

陽宅氣場吉宅居　　山形環境三面依
穴砂山局朝潮向　　案山拱勢龍虎棲
人文景觀自然美　　情景交融奠根基
九星玄空三元轉　　丁財兩旺藏玄機

　　夫，中國陽宅學之堪輿起源與發展，在中國的社會流傳歷史甚久，在殷商周代即已存在，但其正確的年代已難考證。

　　其間更經歷過二千多年的演變，若就事實上，觀諸中國古代早期風水的實質內容，無非是先賢留下一種生活經驗的累積，在其行為的模式、生活的觀念、並在建構生活環境、建築空間的取向上提供了相當多的經驗呈現。長久以來，一般認為商、周時代就有「陽宅」這一門學問，其主要根據是來自《尚書》、《詩書》與《資治通鑑》中的記載。

　　因此三部經典的文字中分別出現了「相宅」、「卜宅」、「相其陰陽」之相關文語。並且詳細的述釋如何審度地理、環境、選擇山川的最後地理形態，山水形勢以為地局格勢，細心觀察、分析、判斷，以確定人類在選擇「王城」、或者是在反映「擇棲居住環境中的必然方式」。

　　毫無疑問的，近幾年來，國內外尤其是對中國傳統建築，一方

面來自於鄉土感的思潮，而其間的陽宅形法研究，更展現了揭櫫蓬勃的契機整體表現。就陽宅形法大體而言，「瞭解自然就是瞭解自己」，人類本為一個小單位的生物電磁場，而地球也更是一個內含無數量計的磁力線「電位磁場」。

而磁場、氣場、能量、訊息週波、感應，乃風水陰陽宅中列為最重要亦是最深奧的一環。若就科學觀點釋義，地球磁場的存在，已由萬有引力定律足可證明，人類寄棲地球，上承宇宙天星、天氣、星垣之引力磁場，下受地球引力磁場、磁波感應。就據實驗磁波感應，人類本就是活的有機體，並會受到空間電磁場的作用，包括小磁場、大磁場、電波、氣流、溫度的感應變化，必然會影響生物細胞核內的電子、質子電波不協調交互輻射反射作用，而產生長期強力磁場。

對人體陽宅、空間的影響，便會導致牽制血液神經系統發生變化，進而產生某種人類疾病，是其與陽宅有相當大之關聯因素。然而鑑古觀今，證諸歷史，其人生一世的存在，又更在歷史上不斷著循環，往後草木一春又一春的歲月軌道痕跡中，雖然明知生命是有其極限，但人生卻是要時時刻刻面對大環境、大空間、大時事的挑戰，其間存在著有多少事實，但卻是無法改變。然而就事實上而言，時間、歲月更給了世人莫大的哀嘆與懇切，因為其間的「知」，只知其然，但終究不知其所以然。

尤其在面臨人生痛苦與其複雜的環境中，常常呼天搶地？仰天長嘆默默無語而問蒼天？但若就另一個觀點來探索人生之真諦本義：「命運本非天生，成敗自在人為」，命運雖可左右人生，但完成卻是掌握在自己手中，命雖是人生的輪廓，但運必然是人生的軌跡。人體處在天地之間，上承天星天氣、下受地球氣場磁線生波，

即是所謂的：「天覆地載」，也更因而無時無刻的都和星球、氣場、自然界的陰陽五行、能量、基因、週波同時呼吸。

換言之，風水地理學是以自然事物為基礎，以陰陽五行為法則，並加以釋闡利用周易先天與後天八卦的經緯，藉由自然山川龍穴、砂、水、向的吉凶格局、外部的山形環境、水勢判別、路勢比較、陽宅基地建築的外觀、陽宅形法的吉凶、樓面突出、立面造型、大門結構方向力學、屋頂的形狀、造牆的對比原則，以及判別明亮案山層級的凶吉徵兆訣竅，並包括了陽宅內部門窗形式、方正、高低、狹窄、安灶事項、神位安置、主掌配位動線去向、掌房空間材質、裝置、擺設的判別、戶外的諸煞可從山形、水勢、路勢、形勢到屋宅形局各種的吉凶、以及到室內陳設、客廳掌房、門窗、栽植、爐灶、神位的格局原則方位。

就事實上，觀諸中國古代早期風水的實質內容，無非是一種生活經驗的累積，以及對生活環境，在不可知的大自然中，求其如何平安的度過人與宅的整體感覺而達到趨吉避凶的目的。然而；陽宅風水之形法概述探源，更是集合了天文學、地理學、水文學、生態學、氣象學、星觀學、結構學、地質學、人體之學、生物學、建築學於一身的一門經驗辨證學問。風水兩字在這個已經歷練發展幾千年的過程歲月軌跡領域中，說它是一種在大雜燴長期經驗累積下的形現也都可以。

用另外一個維護大自然環境的因素角度上來探索，其迷信也足以污染人生大地，其實說句老實話，風水的迷也不少，但相對於現代建築的觀點觀念紮實內容上，它也啓發了人們不少的觀點。風水它可以從不同的角度瞭解自然與大自然，甚而情景交融，令人有興奮的自然深入發現。因陽宅風水的形法，更講究國人在居位實質環

境上的基本架構經驗基礎，與實質的探討陽宅環境住宅與生活品質的關係，並進而能知曉如何瞭解選擇陽宅環境風水，以不斷的實證、反覆求驗證、陽宅風水的空間靜態與動態山川、水氣、磁場、方向、能量氣場，到底在陽宅擇吉的定義上，如何的取捨方位準則，才是正確的入門捷徑。

如以陽宅風水的自然美，風水自然景觀美、曲線美，並就事實的陽宅形法上再深入的探討陽宅硬體軟體的結構、材料、裝潢、設計、開發，並從風俗信仰的累積習慣普遍的喚醒民眾，並對提高陽宅居家住宅品質的覺醒，不斷的反覆實驗印證，為陽宅風水學之學術定義落實陽宅居家環境的生活，提高陽宅風水為理論的科學生活應用實證方法，減少住宅環境凶禍的危機意識。

若能摒除陽宅風水傳衍訛誤不實穿鑿附會的迷信觀念，並力求根源求證認同瞭解正確觀點，積極導正為陽宅風水學理出一條風水實際科學大道，並就陽宅風水環境景觀、陽宅動態、靜態景觀、自然景觀、人文景觀，提示給後代有心於陽宅風水研究者確立一條新的科學方向，更合乎邏輯學的新方向。找出一個註腳，釐清陽宅學的新定義，從而更新的印證探討陽宅風水學對影響人類居宅環境的吉凶程度，當勝過不少新事務的發明。

今之甚喜哲毅再次的溫故而知新，埋首窗下，伏櫪斗室，自我磨練揣摩經驗，搜蒐涵集古書，匯編撰述，變通時趣，絞盡腦汁耐心瀝盡心血，即將續出《大師教你36天學會風水學》付梓出版於世，書中言簡意明，以為揭開陽宅堪輿形法格局其玄奧神秘之紗，擴大陽宅風水堪輿視野，必有其重大的意義與價值，是書例證詳明，既省時間又兼切實用，付梓前夕，特謹述點綴所感數言，以資為序與君共勉！

26位理事長聯合推薦

以前民間所傳下來的東西，最有其價值的文化資產，應該就是中國的傳統五術，也就是山、醫、命、相、卜。

雖然現在的時代，一切講求科學證據，但所謂的「天有不測風雲、人有旦夕禍福」，有很多的事情與現象，還是沒有辦法輕易就事前得知，但若是透過五術的演算，居然能加以預測與掌握，也許僅是蛛絲馬跡而已，但若跟未來一切不可知來比較，能有些微的預感，已經算相當不錯的。

而今陳哲毅大師，有心發揚中國傳統五術學說，著作出版「36天學會五術系列」，希望各方老師的參與支持，要把過往的八字、風水、姓名、卜卦、紫微斗數等等，希望做個有系統的資料彙整，集合名家的心力心血，呈現出最完整的五術學說，讓大家能夠有目共睹，領略傳統五術的奧秘與奧妙之處，這是讀者的福氣。而陳哲毅大師，近年不辭辛勞、焚膏繼晷，寫出了一系列的五術著作，有姓名、八字、陽宅、風水等等，涉獵非常的廣泛，其著作也深入淺出，適合初學者來入門。

世界不斷的進步，社會的腳步也變得迅速，如今已經是全球網路時代，很多讀者不一定只從書籍來得到知識學問，大部分是透過網路搜尋，因此熟悉網頁、網站的功能，是相當重要的一件事，藉此才能夠把傳統五術推展分享出去。所以陳哲毅大師，近年投入網站的經營，成果相當的豐碩，除了個人的五術學院網站，也加入占卜大觀園，成為駐站的老師之一，也受邀請在蕃薯藤天空部落格開版，成為風水達人的專欄執筆，人氣點閱逐漸攀升，是當紅的風水老師。

8

推薦序

　　在此祝賀著作暢銷，也希望大家購買研讀這一系列的書籍，相信對於你五術功力的提升，會有很大的幫助。

中華五術聯合總會會長
中華民國易經陽宅設計協會理事長
臺灣省堪輿命理協會理事長
中華民國易經陽宅設計協會理事長
臺灣省堪輿命理協會理事長
中國道教靈寶法師會理事長　盧崑永

中華民國地理師協會第五屆理事長
中華現代生活空間應用協會理事長　鄒明揚

中華民國儒教協會常務理事
中國河洛理數易經協會榮譽理事長
基隆普化警善堂堂主
中華民國儒教協會常務理事
中國擇日師協會榮譽理事長　簡火土

中華星相易理堪輿師協進會全國總會理事
中華道教清微道宗總會全國總會理事長
中華五術社團聯盟全國總會理事長　張清潤

中國堪輿推展協會創會會長　林進來

中華五術預測協會理事長　劉瑞發

中國河洛理數易經協會創會會長
中國擇日師協會創會會長　吳明修

中國河洛理數易經協會第五、六屆理事長
桃園縣星相卜卦堪輿工會創會會長　翁秀花

中國河洛理數易經協會第七屆理事長　楊宗祐

中國擇日師協會第三屆理事長　陳永慶

中國擇日師協會第六屆理事長　康飛西

中國擇日師協會第七屆理事長　馮祖定

臺北縣星相卜卦堪輿工會會長　謝宗護

新竹市星相卜卦堪輿工會會長　陳清輝

高雄市星相卜卦堪輿工會榮譽會長　陳啟銓

中國命相協會創會長會長　李魁斗

中華民國地理師協會第六屆理事長　紫雲居士

中華民國星相協會理事長　陳元隆

桃園縣龜山鄉北靈宮宮主　潘金碧師尊

中國占驗道教會創會理事長　邱天相

高雄縣星相卜卦堪輿工會會長　柯武村

南投縣竹山鎮振原堂堂主　李春松

華人全球占卜大觀園負責人　嚴立行

高雄縣星相卜卦堪輿工會常務理事　許水訪

玄真園厝宅風水堪輿研究所所長　康佑爲

高雄市達觀命理學會理事長　蔣小剛

自序

　　易經三才之道，分為天道、地道、人道也。其中地的部分，所指就是周遭環境，也就是五術裡面的「山學」，而傳統的民間稱作「堪輿」，或是「風水」。就堪輿學來說，實在是我們民族的寶貴資產，可以用來幫助改變命運、趨吉避凶，值得大家研究與運用。

　　但由於西方的科學興起，對於傳統的學識部分，產生了誤解批評，認為這些是無稽之談，並沒有科學的根據，反而會加以排斥，幸好科學的進步，發現能量與磁場的存在，等於直接證明了在生活的周遭環境，確實有不可知的影響因素，而這個因素其實就是「氣」或者「風水」。而風水不僅真的存在，還能夠發揮影響力，導引著人們的命運。

　　「命運」跟「風水」的關聯，由此看來就密不可分，因為人生長在環境裡，死後也埋藏在環境裡，等於無時無刻不受環境影響。只是前者是陽宅風水，影響比較迅速，後者是陰宅風水，影響比較深遠。但隨著工業化、都市化、人口激增的結果，土葬的陰宅逐漸沒落減少，取而代之的是火葬的靈骨塔，而人口結構的改變，使得小家庭大量增加，因此陽宅的需求及重要性，反而大大的提高，是每個人必須了解並接觸的。而陽宅的風水，能有什麼影響呢？其實項目無所不包，舉凡外在的升學、感情、婚姻、名聲、官運、求財、健康、子嗣，內在的個性、想法、情緒、心靈等等，無論是物質方面，或是精神方面，都具有一定的影響。如果好好利用的話，不但可以節省時間，達到滿意的效果，甚至於加上本身努力，那麼成功就更加容易，指日可待。

　　雖然「風水」學說很有助益，不過由於流傳甚久，宗派分支太複雜，彼此都各有所長，也各有缺陷，無法全部的驗證，甚至於有

人魚目混珠、標新立異，更讓人難以辨別真偽，不但影響後人對風水學的信任，還害慘不少人誤用偽訣，而命運陷入困頓窘境當中。其實風水學不外乎巒頭與理氣兩方面，巒頭就是外在形勢，肉眼就可以觀察，而理氣必須推算，依照方位時間來排列，兩者可以互相搭配，不可以有所偏廢。所以說：「巒頭無理氣不準，理氣無巒頭不靈」，又有「巒頭無二家，理氣百家鳴」的說法。

　　至於什麼是真正的理論，除了閱讀書本知識，就是親自的反覆驗證，就能夠有所領悟，知道什麼是真訣，而什麼是假訣。不過現在人忙碌，無法深入去專研，更不曉得從何下手，所以必須按部就班，很有規劃的來認識，就算無法達到頂尖，也具有一定的常識，可以避免不良風水所產生的破壞影響。

　　每個人都希望過的更好，追求更卓越的成功，希望能夠出人頭地，擁有各項的權力頭銜或地位名聲，所以一直不停的追求，而這個追求其實就是在做改變命運的動作，只不過光靠人的努力，得到的成果畢竟有限，只有極少數的人，在天時、地利、人和的情況下，才可以達到目標。但大部分的人，只能夠埋首怨嘆，毫無半點成就。

　　其實原因很簡單，因為他們忽略陽宅的重要，也就是風水的重要，也就是地利的部分。常言道：「生死有命、富貴在天」，用八字的角度切入，人生下來命運就註定，再也無法改變了，若是八字好的話，先天就比較佔優勢，八字差的話，先天就比較弱勢，便開始逆來順受的日子。而陽宅不同於八字，是屬於後天的環境，是可以經由人們選擇並安排而調整為順暢的氣場，有助於命運的轉化與提昇。因此八字就像是基礎，無論是高或低，若能夠配合陽宅風水，那麼好的更好，壞的不會那麼差，具有積極造命的意義，而非宿命消極的觀念。

11

Day 3

水好顯富貴，水壞散家財

良好的住宅水勢

不好的住宅水勢

Day 4

目次

貳、人要衣裝、佛要金裝，住宅風水的好壞，就從開門看起

Day 10

教你如何開門納旺氣，讓風水立於不敗之地

Day 11

門口就是一切幸福的開始

Day 12

門窗就是住宅的靈魂

Day 13

花俏中看不重用，樸實無華才長久

Day 14

平安長壽看樓梯

參、神奇風水開運術,讓你點石成金、脫胎換骨

Day 20

風水升官園,馬上出人頭地

Day 21

居家風水事業開運

居家風水幫助升遷加薪的擺設

Day 23

風水桃花源，打造幸福愛情

1、居住環境若不良，桃花凋零人緣差

2、風水改造好，桃花走進門

Day 24

居家風水感情開運

居家風水如何增加財運

Day 27

居家風水找尋文昌位

1、各類的文昌位

Day 28

居家風水書房布置

居家風水增加考運的方式

Day 29

居家風水改善失眠的困擾

肆、遠在天邊、近在咫尺，你不能不知道的陰煞

Day 31

陰煞

Day 32

煞氣其實無所不在

道路沖煞

橋樑沖煞

Day 35

借力使力、四兩撥千金，教你沖煞化解法

Day 36

陽宅風水的功效

　　人跟住宅的關係，是相當密切不可分的，因為是生活的場所，是每天活動與休憩的地點，除了是居住的空間，也是精神價值的根源，所有的社會活動，都是透過住宅來產生，像是感情婚姻、事業財富、身體健康、生兒育女、教養後代、思想情緒、人際關係等等，可見住宅的重要性。如果住宅符合風水原則，招納旺氣，不但一切順遂平安，各方面都迅速發展，就有如心想事成，但若住宅違背風水法則，使得氣運停滯，而吸引了衰氣，經過長期的居住，影響就非常嚴重，很可能形成無法挽回的情勢。所以好的住宅也就是優秀陽宅，是生活不可或缺的要素，更是想要成功出名、富貴發達的人，一條最佳的捷徑，最有利的輔助。

一、好運陽宅富貴來

　　住宅也就是陽宅，既然跟人的生活有關，因此包括所有的活動，自然也就包括經濟活動，用現在的話來說，也就是上班族的薪水收入、生意人的買賣利潤、投資理財者的盈餘等等，這些看似無關的事情，其實都跟陽宅息息相關，陽宅的氣派豪華、裝潢亮麗，確實是富貴的象徵，代表著身分與地位，但豪華不等於良好風水，反之，雖然房屋簡陋、欠缺裝潢，外表顯得樸素，風水就不見得不好。因為陽宅考慮的除了外觀格局，更重要的是「納氣」的好壞，如果能夠迎接旺氣，雖然無法大富大貴，也算是良好的環境，能讓人順利發展，因為凡事不能以單一價值來看待，以為能賺錢的陽宅，才是最好的選擇，其實並不是如此，陽宅只是個輔助而已，人還是得靠自己努力。

　　那麼什麼樣的陽宅，才能夠有所幫助呢？如果單就財富來看，

一定要居住「形勢得宜、當值的旺宅」，會比較如願以償。所謂的形勢得宜，就是陽宅的外部環境沒有外煞，陽宅內部格局方正，擺設裝潢沒有問題，而且座向剛好可以接納天心的旺氣，這樣整個住宅就會有感應，凡事就會順利進行，反之，外部環境多煞，內部環境雜亂，又感應不到天心，只接納衰氣的話，情況就會陷入困頓，想求財就非常艱辛，既沒有貴人相助，自己也判斷錯誤，最後是一無所得。而「衰氣」的解釋，就是座向有偏差，卦理呈現雜亂，勢必會影響財運，所以必須特別重視。

財富雖然很重要，因為是生活所需，但對於台灣人而言，賺錢不僅是為了生活，更是人生的目標，視為理想的實現之一。但是依照現在的景氣，競爭激烈的環境，加上國際化的接軌，使賺錢越來越不容易，有更多的困難與挫折。也許你正百思不解，為什麼很努力卻不成功，很拼命卻無成果，是否該想想其他方向，例如跟陽宅的風水有關，住到收納衰氣的住宅，而缺少旺氣的輔助。這不是叫你靠陽宅風水，而什麼都不必去做，這觀念是完全錯誤的，而是說人的能力有限，需要外在環境的配合，以及額外的助力，也就是一般說的運氣，運氣也是成功的要素，不可以將它忽略掉，如果能夠增加運氣，那不就能事半功倍，何樂而不為呢？再說，良好的陽宅跟人有關，能住得心安理得，不也是一件好事。

二、平步青雲靠吉屋

古人常說：「升官發財」。意思是職位升遷之後，接著就會賺進財富，並且將「升官發財」看做人生的大事，是要爭取的目標。但就現在而言，升官不一定會發財，發財有時也扯不上升官，這是不同的兩件事。像是任職公家機構，或是公司上班族，不管職位高低，升遷就代表肯定，但薪水不見得增加多少，而且礙於編制的關

係，往往是越高層越難出頭，表面上雖然不在意，但私下的競爭很激烈，不是去人情關說，就是送禮走後門，不過對多數人而言，希望總是會落空。所以無論是過去或現在，官宦的仕途，企業的升遷，想要平步青雲的話，可不見得那麼容易。

尤其現在社會講求民主，一切都以民意為依歸，所管轄的職務範圍，如果出現問題的話，輕者遭受處分或訓誡，重者會調職或下臺，以表示負責的意思，所以要保住官位，就不是那麼容易，更何況是談升官了。所以如果你位居高位，或是任職公家機構，已厭倦疲於奔命，整天面對著壓力，卻還不知道如何解決困難，甚至於想要更上一層樓，那就必須要換個方向，也就是傳統的陽宅風水，像是自己的住家，處理公務的辦公室，擺設裝潢是否出現問題，或是有其他的疏忽，因為好的住宅或辦公環境會增加運氣，使你官宦之途平順，而且有貴人牽引，反之，壞的住宅或辦公環境會造成拖累，使你仕途坎坷難行，而且有小人作祟。如堪輿大師蔣大鴻說：「世人不識重陽基，陽基效驗在須臾，死生貧富如操券，育子遷官貴及時。」就指出陽宅對升官富貴有極大效用，而且影響非常的迅速，只可惜世人都不曉得。

一般來說，想要出人頭地，尤其是政治家或企業家，基本的條件，除了要有良好學識，人際圓融，更要有好際遇、好運氣，而運氣從哪裡來呢？其實就是從陽宅來，如果陽宅符合卦理，而且有招納旺氣，就象徵生生不息，好運自然會降臨，就有升官的機會、貴人相助的機會，反之，若覺得陽宅不順，就要趕快想辦法，例如搬遷換住宅，不然的話，也要修整環境、變更門窗，好讓氣場恢復運轉，慢慢化解衰氣，而引進旺氣，才能夠扭轉乾坤，讓情勢起死回生。而這樣子的做法，並不全然是迷信，有一定的根據跟驗證，是

傳統的風水術理論，對現在人一樣有幫助，具有決定性的影響，可以左右命運機緣。

三、緣分全憑好住宅

感情是基本的需求，對人們非常的重要，因此一個人感情若順利進展，就會充滿自信心，態度會保持樂觀，凡事容易看得開，抗壓性也比較高，反之，感情若阻礙重重，經常失敗的話，想法就會變得消極，心情顯得憂鬱沉悶，動不動就受影響，而有輕生的念頭。再者，感情過程就算順利，相處也甜甜蜜蜜，但是結了婚以後，就完全變了模樣，生活產生不協調，個性、習慣的不同，彼此無法容忍，整天吵吵鬧鬧，甚至於大打出手，造成離婚的後果。也許只有兩個人，那還無所謂，但若已經有小孩，家庭勢必會破碎，影響非常的深遠。

雖然大家都知道感情生活的重要性，也有很多專家、學者闡述，但是問題似乎不能完全解決，社會事件層出不窮，讓人看了非常不忍。感情與婚姻的經營，難道就這麼困難，沒有任何的辦法嗎？尤其在台灣地區，結婚的夫妻當中，有三分之一會離婚，實在是很驚人的數字。其實高離婚率的形成，除了社會普遍的風氣，趨向於物質取向，年輕人性觀念日漸開放，動不動就更換伴侶，或者是出軌外遇，外在環境的迅速改變，讓人跟不上潮流，而想要追求新奇刺激，以及工作累積的壓力，內在精神承受不住，而想脫離家庭束縛，享受自由單身。除了以上這些原因外，還有個額外的因素，那就是陽宅風水的影響。好的陽宅讓緣分早到，對象條件較理想，彼此個性相符，很快就可以相戀，並且能夠結婚，而壞的陽宅會阻礙緣分，吸引不當的爛桃花，彼此個性差異大，剛開始瘋狂熱戀，但慢慢變冷淡，最後也就分手了，沒辦法開花結果。

因為感情的目的，就是要組成家庭，而家庭就是住宅，是夫妻經營的場所，也是一家人生活的地點。而家庭環境的氣氛，就顯得格外的重要，無論是夫妻關係，或是親子關係，可以說是密不可分，是一個完全共同體。所以就風水學來看，同一個大門進出，同樣的窗戶通風，如果門路有沖煞，不符合旺運理氣，尤其是臥室的地點，沒有辦法收納生氣、旺氣，對夫妻感情就沒有加分效果，反之，若是收納到衰氣、煞氣，那麼夫妻的衝突就多，就會破壞感情和諧，再加上是桃花水貨桃花煞，那麼外遇出軌的問題，自然就無法避免，家庭幸福就會被犧牲。因此若可以從陽宅著手，找出夫妻失和的關鍵，感情就可以挽回，並且非常的穩固，就算沒有十全十美，也具有緩和的效果，讓情況不那麼嚴重。

四、位居文昌得金榜

以前的人常說：「萬般皆下品、唯有讀書高。」而且在職業的類別上，也有高低的排列，那就是「士、農、工、商」，當然以前的價值觀，就現在看起來，變動似乎滿大的，不少人希望從事商業，反而是農人跟工人，卻沒有人願意做，認為是低賤的行業。不過對於讀書的要求，一樣是非常的重視，絲毫沒有任何改變，看看現在的升學環境，以及讀書壓力就知道，孩子從小就非常競爭，而且很害怕落後別人，往往還沒達到就學年齡，就已經開始上安親班、補習班，學習各種才藝，就父母親的期望，是為了望子成龍、望女成鳳，不希望孩子輸在起跑點上，這原本無可厚非，毋庸置疑，但整個社會風氣，已經完全變質，教育變成了文憑主義，而且代表著前途，造成了急功近利，不重視實際的現象。雖然文憑代表能力的肯定，是基本的條件之一，若沒有達到的話，對於機會的選擇，當然也就被限制，這是理所當然的事。

36

　　以前聯考的時候，錄取名額很有限，往往會有人落榜，考生非常的難過，家長更是很心痛，認為孩子就此完蛋，所以提供一切可能資源，讓孩子一考再考，期間身心的緊張、承受的壓力，不足為外人道也，這一切都是為了孩子考上好學校，若如願以償就好，否則就得到更多失望與痛苦。但現在升學管道暢通，錄取名額也相當充足，幾乎已經是全額錄取，只要你有心向學，就有機會可以唸。而如此的現象之下，關於孩子的先天資質、後天的態度，以及求學的環境，父母、師長的叮嚀，便顯得非常的重要，特別是孩子本身的努力，就成為考試勝負的關鍵，不過實際上運氣很難講，往往資質很好的人，會有意外的因素，導致考試失利，沒有得到好成績，而資質不好的人，卻不一定會落榜。

　　而對考試來說，讀書的環境就必須格外重視，也就是陽宅的部分，若是懂得利用風水，來加以正確的布置，就可以提升運氣，無形中增加助力，讓考生頭腦清晰，記憶力能夠變好，面對考試不緊張，而從容應答。甚至於考試之前，一切都平安順利，不會有意外發生，影響考試的結果。而陽宅法則當中，書房跟文昌位有關係，若是在此設置廁所或是廚房，那樣會對考運不利，想要金榜題名，可就沒有那麼容易，將會遭遇重重阻礙。再者，針對子女的臥房，也就是休息的地點，必須妥善的安排，這樣睡眠比較充足，所受到的外力干擾少，若書房、臥室能接納旺氣，那麼成績自然呱呱叫。掌握了實力之外，還有運氣的幫助，升學考試自然容易上榜。而對於其他的考試，像是升遷考試、資格考試、公務員考試、私人考試，都具有同樣的功效，可以讓自己實力更好、運氣更好，增加上榜機率。

五、健康長壽好過日

　　一個人當感情順利、事業發達、財運富裕的時候，就會特別的愉快，對一切事情保持樂觀，想法非常的積極，但若是缺乏健康，身體偏偏有毛病，那就非常的遺憾，雖然是條件富裕、物質充沛，卻不能夠享受到，比起三餐不濟的人，情況好不到哪裡去，只算是富屋貧人，生活失去了意義。就以前時代來說，人們很重視財富，認為有了錢之後，再來談身體健康，會比較理想、實際，於是不眠不休工作，只為了賺取更多財富，並不在意身體的健康。不過就事實來看，今日富裕的社會，並沒有多少人了解這點，因為富裕的條件之下，沉迷於錦衣玉食，或留連聲色犬馬，身體健康損害更嚴重，產生各式各樣的疾病，生活水準跟物質文明是好轉了，但是對養生保健的觀念，卻沒有多大的進步。

　　身體健康的好壞，不一定是受工作影響，也可能是飲食導致，或者是先天遺傳，甚至於環境的影響，都跟健康有密切關係。除了個人的習慣之外，還有額外的因素，具有相當的影響，那就是陽宅風水的好壞。堪輿大師蔣大鴻說：「陽宅是生人養息之場，隨呼吸而立應。」點出陽宅是人們飲食及休息的地方，因此陽宅環境的好壞，影響有如呼吸般的直接與迅速。如果不加以重視的話，身體健康就會受影響，招來許多疾病，或是意外災難，就算空有億萬家產，人生也算不上美好，還可能會留下遺憾。因此除了財富之外，也必須擁有健康，才能夠享受福氣。

　　而陽宅納氣的好壞，就是身體健康的關鍵所在，氣有旺氣跟衰氣，若是走天心正運，也就是旺氣的話，人們會比較健康，心情會比較開朗，就算是生病的話，也很快就會痊癒，甚至不用治療。假設接納到衰氣，就算身體再強壯，也抵擋不住侵襲，日積月累的結果，終究會出現毛病，影響到正常生活。所以陽宅有問題，就算不

38

能夠避免，也要想辦法改善，調整臥房的格局，讓臥房收納旺氣，如果氣能夠順暢，就能夠好好休息，進入熟睡的狀態，身體也就能放鬆，恢復力自然增強。既然身體能健康，對於事業的打拼，或者財富的賺取，都是正面的幫助，心情就能夠穩定，決策不容易出錯，就可以掌握方向，假以時日，財富跟健康就可以兼得，但是在此之前，首先要有良好的陽宅風水才行。

六、EQ 讓人鋒頭健

對陽宅的格局來說，就好像人的身體一樣，必須有許多的要件，才能夠維持運作，就風水學的角度，陽宅講求的是開門納氣，也就是常說的自然採光跟空氣流通兩個重點。陽宅從不同的方向，所接受的陽光跟氣流，就會有不同的反應，也因此產生吉凶的差異，是一般人比較不曉得的，但這其實非常的重要。因為吉凶好壞的差別，影響的層面很廣泛，像是感情、事業、財運、健康、子女等等，無一不包括在內，這並不單指物質而已，連心靈的精神層次，都會有直接影響，像是個性、想法、情緒等等。用簡單的話來講，就是陽宅若是採光良好、通風順暢，住在裡面的人，自然就心情開朗，做事非常積極，精神非常飽滿，人際關係也不錯，反之，陽宅陰暗潮濕，缺乏陽光，而且雜物堆積，空氣無法流通，那麼住在裡面的人，心情會顯得憂鬱，精神壓力緊繃，做什麼都很被動，行動相當的消極，人際關係也很差，容易有麻煩和糾紛。

先前講的物質與精神層次，就精神的部分而言，用現在的名稱來講，也就是常說的EQ（情緒）。雖然個性有天生的遺傳，但也能透過後天教養，改變部分的氣質，而教養除了讀書、識字，父母、長輩的叮嚀，也可以利用陽宅環境，來達到這樣的目的。因為住宅如其人，住什麼樣的住宅，就會有什麼樣的個性，如果是納旺氣、

吉氣的住宅，裡面的人就有所感應，氣質會變得良好，待人非常的親切，結交許多的朋友，以及很多貴人幫助，反之，納衰氣、煞氣，人會感覺到煩躁，安靜不下來，會想要往外跑，判斷容易出差錯，交到不好的朋友，常被拖累而破財。所以透過住宅的風水，無形且慢慢的影響下，就可以塑造人格及良好EQ。

除了住宅的風水外，像是辦公的場所、生意的場合、工作的環境，都無時無刻在影響著我們，若辦公的場所不佳，工作效率將低落，得不到同事幫忙，以及上司的賞識，升遷就比較困難；生意的場合不佳，業務就無法擴展，客源會逐漸減少，服務態度會變差，結果就面臨倒閉；工作的環境不佳，很容易分散精神，發生種種意外，輕者有血光之災，重者將生命危險。由此可知，陽宅環境的影響對人們是多麼的深遠，如果能夠個性好、EQ高，想法就比較寬闊，智慧也比較能打開，那麼人際關係就好，一切事情自然不會有阻礙，有問題也可迎刃而解。

七、無形加持兒孫賢

人類除了文明的目的外，生命最重要的任務，就是傳宗接代，孕育下一代。而就現實層面而言，生兒育女這件事，是很多人重視的，尤其是結婚之後，家人殷切的期望，就是新生命報到，而關於懷孕婦女，自古就有許多理論，無論是迷信或科學，都是希望胎兒安全、發育健全，所以當懷孕那一刻，就開始進行胎教，像是母親要聽聽音樂、看看圖畫、多去運動、補充營養等等，讓胎兒有良好的環境，直到順利的產下。但很多人卻忽略，其實傳統的學說裡面，就有非常好的方式，那就是陽宅風水的布置。因為住宅的影響，對人們是無形的，而無形的力量，總是比有形更強，所以對胎兒來說，孕婦所住的地方，就有相當的關係。

陽宅風水的功效

在陽宅理論中，講求的是光跟氣，選擇吉方位的話，就可以發揮效用，帶來正面的影響。而胎兒也是如此，因為母體的活動會直接影響，像是在臥房睡覺，就會受臥房磁場薰習，一天至少七、八個鐘頭，懷孕十個月下來，影響就非常顯著，若是良好的磁場，對胎兒就吉祥，若是不良的磁場，對胎兒就不好，看似無法掌握，其實最容易做到，因為居家的環境，是可以加以改變。

若可以利用陽宅，那麼胎兒就健壯，個性較中庸，腦筋也比較聰明，學習記憶力好，再配合後天教育，進步就會很迅速，達到事半功倍的效果。

而且陽宅的格局，也象徵倫常法則，如果格局不妥當，又招納到衰氣、煞氣，那麼倫常就會脫軌失序，像是社會常見的新聞，夫妻失和大打出手、父子反目成仇相殘、母親受暴力威脅、殘害自己子女，不然就是父母親虐待子女，或是子女毆打父母，種種不幸的事件，除了大環境改變，物質生活的影響，還有陽宅的因素，會被人疏忽掉。

因為現在的住宅，學習西方的建築，除了形狀怪異之外，也不會考慮格局，一切以美觀為主，不強調座向開門，所以人們住進去，運氣好那就沒事，若運勢不好的話，壞事則接二連三，不停的產生困擾，導致各方面不協調，家庭氣氛不和諧，甚至於妻離子散，因此陽宅的選擇，不得不仔細、謹慎，以免未受其利，反而身受其害。

壹

買房屋像選老婆，
　有緣、沒緣，
第一印象就決定好壞

Day 1

住家有靠山，做人最實在

如果用山的性質來分，可以有「窮山」跟「明山」的差別，就風水學說而言，窮山就是草木稀疏、岩石裸露，而且山長得奇形怪狀，讓人看了不舒服，對住宅運勢不利，不能當作住宅靠山，或是開窗就看見；而明山的話，就是草木旺盛、山勢平穩，沒有特別的情況，讓人家看得順眼，覺得心情很愉快，就可以增加運勢，用作住宅的靠山。再者，山勢有五行的分別，也就是金形山、木形山、水形山、土形山、火形山，當中以「火形山」不宜當靠山，其他都是可以的。

一、金形靠山能帶財

所謂的金形山，就是山頭的形狀呈現半圓形，類似球的一半，若有這樣的靠山，可以增強運勢，讓住家的人順利。若沒有剛好在房屋

後方，這樣的山形若位於房屋的「西方」或「西北方」，也具有相當的作用，可以輔助家運。一般來說，金形的靠山有利於五行屬「金」或「水」的行業，像是金融業、商業、機械、五金、水產、海運、飲料、流動攤販等等，特別是任職公家機關，或相關行政人員，能有很大的幫助。

二、木形靠山文采高

　　所謂的木形山，就是山頭稍微尖，但大部分較平整，呈現高且長的形狀。若有這樣的靠山，可以增強運勢，讓住家的人順利。若沒有剛好在房屋後方，這樣的山形若位於房屋的「東方」，也具有相當的作用，可以輔助家運。一般來說，木形的靠山有利於五行屬「木」的行業，像是文化業、出版業、造紙、家具、衣服、花店、中醫、宗教信仰等等，特別是從事文教工作，能有很大的幫助。

三、水形靠山腦筋好

　　所謂的水形山，就是山頭呈現圓弧形，而且有連續波浪的形狀。

若有這樣的靠山，可以增強運勢，讓住家的人順利。若沒有剛好在房屋後方，這樣的山形若是位於房屋的「北方」、「東北方」，也具有相當的作用，可以輔助家運。一般來說，水形的靠山有利於五行屬「水」、「木」的行業，像是娛樂業、旅遊觀光、運輸交通、水產養殖、文化業、出版業、造紙、家具、衣服、花店、中醫、宗教信仰等等，特別是對於企劃人員、投資買賣、觀察測量有關的行業，能夠有很大的幫助。

四、土形靠山經營穩

　　所謂的土形山，就是山頭部分平坦，周遭山勢平緩，呈現寬大的形狀，這就叫做「貴星」。若有這樣的靠山，可以增加財運，讓事業經營順利。若沒有剛好在房屋後方，這樣的山形若位於房屋的「西南方」、「東北方」，也具有相當的作用，可以輔助家運。一般來說，土形的靠山有利於五行屬「土」、「金」的行業，像是礦產業、陶瓷器具、房地產業、汽車銷售、金融商業、機械、政治、法律等等，特別對經營企業，或是業務行銷，能有很大的幫助。

五、火形靠山招是非

　　所謂的火形山，就是山頭尖銳，山勢陡峭，甚至呈現數座尖峰的形狀。若有這樣的靠山，具有相當的危險，很容易遭受意外，有破財的現象，住家會很不安寧。若沒有剛好在房屋後方，而是位於房屋的對面，叫做「火形朝山」，或是位於「南方」的話，也具有相當破壞力，容易招惹口舌是非，小人搞鬼，官司不斷。一般來說，火形的靠山不利於各種行業，特別是木業加工、化妝品、廣告業、電器用品、燃料事業、建築業、房地產、釀酒業等等。

我的學習筆記

虛實要明辨，好運跟著來

一般來說，除了實際的山以外，都市裡的建築物，多半是高樓大廈，而且非常的高聳，對於較低的公寓建築，也就像是靠山一樣，但這種情況的靠山，叫做「虛山」，並不是實際的山，同樣會有作用。如果住宅能得到好的建築物作靠山，那運勢就會很理想，反之，若得到不好的建築物作靠山，運勢就會往下掉。

一、實靠靠山升遷快

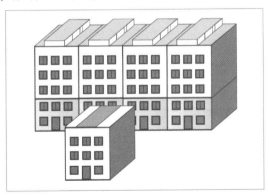

住宅的正後方建築物，如果有高樓大廈，而且建築高大、規模寬闊，本身住宅比較矮小一點，這就叫做「實靠」靠山，能帶來很好的運勢，將有貴人牽引提拔，化解一切的不如意，對事業升遷很有利。

二、聚靠靠山得人緣

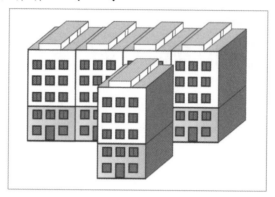

住宅的正後方建築，如果是高樓大廈，跟自己等高的話，或是有數棟相連在一起，這就叫做「聚靠」靠山，也可以增強運勢，象徵人際關係和諧，能夠獲得支持與幫助，帶來良好的運勢。

三、扶靠靠山有助力

住宅後方有建築物，或是高樓大廈，但是卻沒有在正後方，而是稍微偏一邊的話，這就叫做「扶靠」，雖然可以增強運勢，帶來正面的

效果，但是作用卻有限，沒有「實靠」或「聚靠」明顯。

四、虛靠靠山遭連累

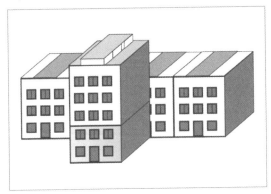

住宅後面的建築物，或是高樓大廈，規模建築較低矮，沒有比自家高大，這就是「靠山無力」的情況，也叫做「虛靠」靠山，這樣一來的話，對家運沒有幫助，甚至會連累自家，帶來不好的影響。

我的學習筆記

Day 2

好山享清福，壞山難安寧

　　住宅附近的山勢、平原、丘陵、河流、湖泊等等，都會影響住宅運勢，若是好的山勢或水勢，將可以讓事業發達，財源廣進，人丁越來越興旺，反之，則住宅不得安寧，事業遭遇阻礙，經常破財，人丁越來越單薄，因此住宅附近自然環境的好壞，必須要特別留意。

一、四方吉祥的山勢

　　所謂的「四方吉勢」，就是住宅要座北朝南，而且後方靠山高大，前面又有低矮的案山，住宅周遭的地勢平坦，而且在東邊有圍牆，這就叫做「四方吉勢局」，這種地方的風水，可以讓子孫發達，家運昌隆，財運滾滾。

二、背山面水的山勢

　　住宅後方有靠山，而且非常的高大，在門前又有大海、江河、湖泊或池塘，這都屬於「背山面水」的好格局。事業能飛黃騰達，獲得相當的財富，運勢不斷向上升，但如果門前的流水，是由西南往東北流，那麼感情跟事業會產生阻礙，不過沒有太大的影響，只要稍微注意就好。

三、位山對水的山勢

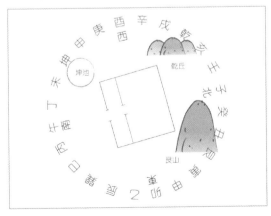

　　住宅的東北方有高山，而西北方有低矮的山丘，西南方有水池，加上周遭的地勢平坦，這就是「富貴加身」的格局，住宅的運勢增強，對事業很有幫助，經營上能夠長久，累積不少的財富。

四、坐實向空的山勢

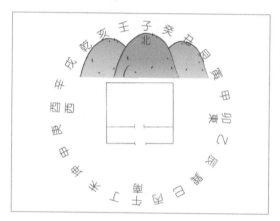

　　住宅後方有靠山，而且形狀高大，門前是綠地或公園，地勢非常的平坦。這樣的風水格局，能夠穩定運勢，初期雖然不明顯，但是住家的成員，事業會慢慢擴展，而獲得不凡成就，以及相當的名聲。

五、位實向空的山勢

　　住宅的東北方或北方、西北方、西南方的地勢較高，加上門前的地勢平坦，這樣的風水格局，將會聚集良好地氣，而使得家運興盛，人口會逐漸增加，不斷的累積財富。

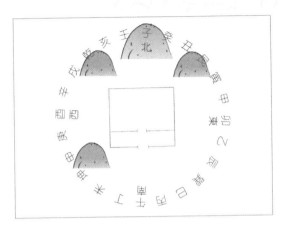

六、左山右水的山勢

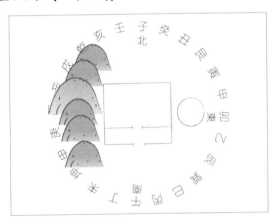

住宅的左方有流動的水池，右方的位置有群山或丘陵，這樣的風水格局，可以自然聚集靈氣，讓住宅的人平安，且由於地靈人傑，對於後代的子孫，會有相當的庇佑，可以有驚人表現，事業將大放異彩、光耀門楣。

住宅凶險的山勢

一、雙丘對門的山勢

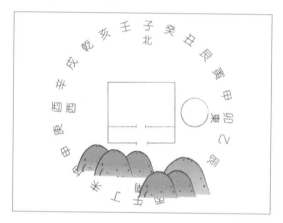

　　如果門前有兩列山擋在住宅的前方，這樣的風水格局，將會阻斷房屋的地氣，讓家運每況愈下，住的人會不平安，人口會不斷減少，對事業產生阻礙，收入也逐漸變少。

二、後高側低的山勢

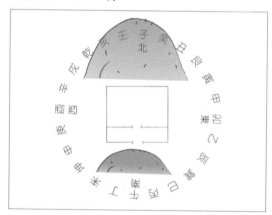

住宅後方的山勢，雖然看起來高大，但由於地勢不平坦，住宅位於高地上，而且兩旁比較低，這樣的風水格局，會有不良的影響，特別是家中男性，健康情況不理想，壽命很可能縮短，而且會洩漏財氣，沒有辦法守住錢財，也許後面有靠山，進帳非常的可觀，但由於地勢關係，相對的花費較多，如流水般浪費掉。

三、龍槍射身的山勢

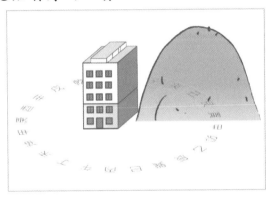

住宅左側的位置，如果剛好在山脈末端，就好像有尖角朝向，這就叫做「龍槍射身」的風水格局，會產生很強煞氣，直接影響到家運，家中的人容易有意外血光，事業沒辦法開展，受到小人的中傷，甚至於後代子孫都不會出人頭地，帶來很多的災難。

四、前後皆山的山勢

住宅的前方及後方，如果都剛好有山，而且山勢很高大，住宅像是夾在中間一樣，那麼就相當的不利，這樣的風水格局，就叫做「前順後損」局。雖然有靠山的緣故，運勢剛開始順利，看起來很有進

展，但不久就會阻礙，而陷入困境當中，尤其是事業發展，將無法突破瓶頸。

五、屋左雙山的山勢

住宅的左側有兩座山丘，彼此互不相連，這樣的風水格局，屬於「雙龍爭權」的格局，住家的成員不安，為了要發號施令，彼此會產生口角，引起滿大的糾紛，甚至於親情失和，影響合作關係，家族陷入分裂。

六、屋前積土的山勢

住宅前方的位置，若有大量的土堆，像是廢棄的積土，或是垃圾掩埋場。這樣的風水格局，就叫做「地氣停滯」的格局，住宅的運勢會衰落，各方面都停滯不前，人際關係冷漠、事業陷入瓶頸、經濟產生困窘，健康也不理想，家人不得安寧，很快就會搬遷，沒辦法住得久。男性的話，多半健康受損，而無法長壽。

我的學習筆記

Day 3

水好顯富貴，水壞散家財

住宅周遭的水勢，跟運勢也是息息相關，如果是「秀水」的話，運勢自然較好，若是「惡水」的話，運勢自然較差，秀水就是水質清澈，表示財運非常好，可由正當管道來賺錢，能獲得額外助益；惡水就是水質污濁，表示財運不理想，通常藉由非法手段，來賺取不當利益，但經常面臨破財。

良好的住宅水勢

一、門南見水

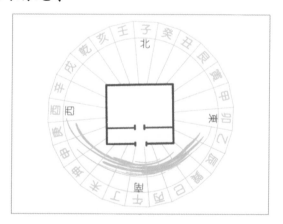

住宅的大門朝向南邊，同時門前有流水經過，這樣子的水勢，叫

做「水火並濟」的格局，表示住宅財運興盛，很容易有進帳，家中成員適合經商，容易遇到好機緣，而成就一番事業。

二、門前雙塘

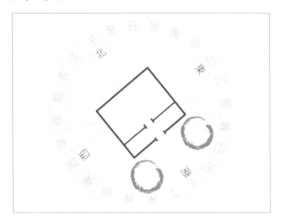

住宅的前方，若出現兩個小池塘，這樣子的水勢，會有好的影響，對子女會有幫助，容易生出聰明伶俐、天資優異的子女，而且表現相當不錯，能夠讓家人放心，出外會很有成就。

三、玉帶環腰

住宅的前面，如果有河流經過，而且帶有彎曲的幅度，像是圍繞著住宅，這樣子的水勢，就叫做「玉帶環腰」的格局，表示家運旺盛、富貴吉祥，家中成員能夠升遷，獲得眾人的支持，而享有社會地位，事業跟財運方面，有著極高的成就，讓人非常羨慕。

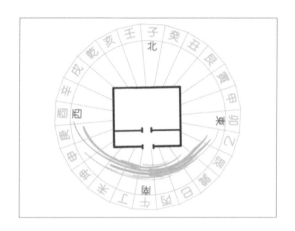

四、後靠西流

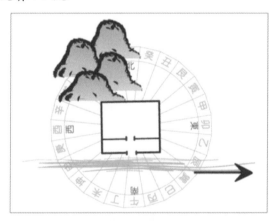

　　住宅後方的靠山，如果是群山綿延，同時在住宅的西南方，有流水經過的話，這樣子的水勢，就叫做「富貴臨門」的格局，表示家中人才優秀，能有突出的表現，出外能獲得名聲，讓人肯定、稱讚，藉由打響知名度，進而累積財富，成為富貴人家。

五、屋前元寶

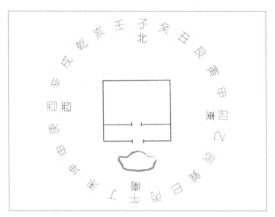

　　住宅的前方，如果有元寶形狀的池塘或是水池，這樣子的水勢，會讓住宅的運勢興盛，維持良好的局面，人際關係協調，做什麼都很順，人口會慢慢增加，並且身體很健康，生活過得很愉快。

六、T形案山

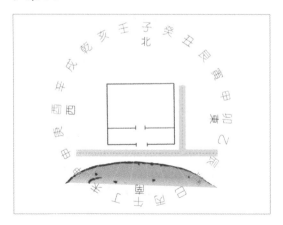

　　住宅前方有案山的話，同時住宅的位置，又剛好在T形路口旁，這樣子的水勢，對於家運來說，會有一定的影響，好的部分是，家中成員很積極，會努力進取向上，事業上能有收穫，而且會享有聲名，但缺點是，經常不在家裡，而且會向外發展，不會留守在原地。

不好的住宅水勢

一、門對葫蘆水

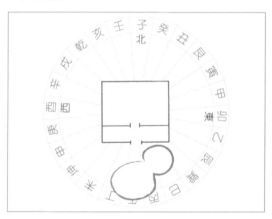

　　住宅的大門口，如果有葫蘆形的水池，這樣子的水勢，會有不良的影響，雖然在事業方面，能夠有正面作用，可以迅速的進展，但遇到流年不利，那情況就會改觀，問題變得很複雜，不太容易解決，將增加事業風險，必須要特別留意。

二、門對反弓水

　　住宅的門口位置，如果正對著河流經過，形成所謂的「反弓水」

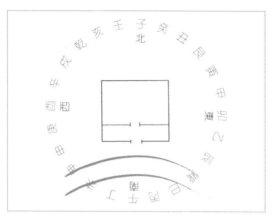

格局，這樣子的水勢，屬於很差的格局，帶有強烈的煞氣，像是一把弓箭射過來，家中會不得安寧，很容易發生災難，而導致財氣流失，陷入困頓的生活。

三、門對ㄟ形水

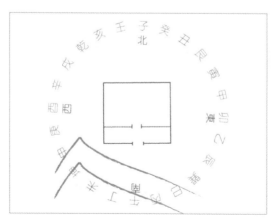

住宅的大門口，正對著ㄟ形的河流，而且接近彎口部分，這樣子的水勢，就叫做「牛軛水」格局，表示住家的成員，像牛耕田般辛

苦，會顯得奔波勞碌，沒有辦法閒下來，但是卻沒有收穫，身體反而會操壞，健康的情況不佳，而且人口會減少，家運會逐漸衰退。

四、屋後河交會

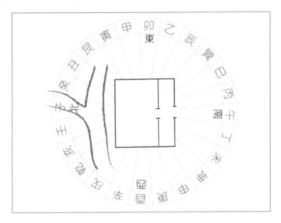

住宅後面的位置，如果有兩條河流交會，或是溝渠的匯流，而朝向住宅流過來，這樣子的水勢，會有不良的影響，特別是家中年長的女性，會有體弱多病的情況，而影響到其他方面。

五、宅前八字水

住宅附近有河流或是流水，朝著住宅流過來，但剛好在住宅面前分岔，產生八字形的流水情況，這樣子的水勢，會帶來口角糾紛，男女朋友會失和，夫妻將感情不睦，影響感情的維持。而且家中成員的想法，都會希望往外跑，不願意待在家裡，很容易離鄉背井，經年累月不回來，造成人口減少，家運不會很興旺。

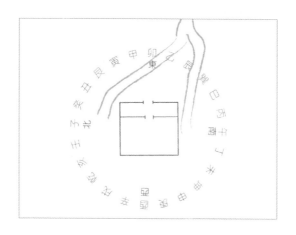

Day ④

六、宅前一字塘

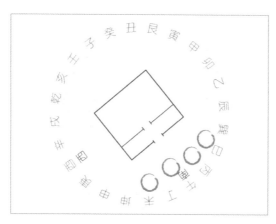

　　住宅的前方，如果有無數的水池，連起來成一直線，像是橫擋在屋前，這樣子的水勢，會有不好的影響，就像是面臨阻礙，而沒辦法去移除，必須要花費精神，才能夠突破困境，再者，家中的成員，健

康會受到損害，面臨疾病的威脅，很可能開刀住院。

七、宅前新月塘

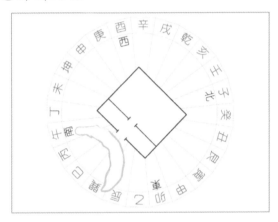

住宅的前方，如果有新月形狀的池塘或水池，這樣子的水勢，不利於家中男性，經常會想往外跑，而不願意待在家，對感情會有影響，再者，家中由女性掌權，通常是女多於男，容易生女兒而不生兒子。

八、宅前三角塘

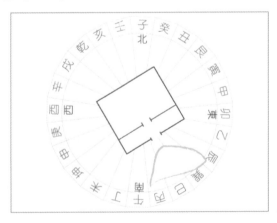

住宅的正前方，如果有三角形的池塘或水池，這樣子的水勢，不利於家中女性，經常會生病住院，身體非常的虛弱，而且也容易受傷，連累到其他人，家中成員精神不佳，無端產生許多煩惱，而顯得非常憂鬱。

九、宅前星形塘

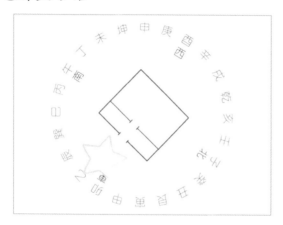

住宅的前面，如果有像星形的池塘或水池，這樣子的水勢，代表著多災多難，對家中成員不利，出外有口舌是非，跟人家爭吵不斷，而且會杞人憂天，精神的狀態不佳，加上過度的操勞，身體會出現毛病，健康不是很理想。

十、雙池夾屋

住宅的前面跟後面，如果剛好各有一池塘或水池，像是把房屋夾住一樣，就形成「雙池夾屋」，這樣子的水勢，除非剛好流年不錯，而且配合屋主的命格，那影響就比較小，反之，承受壓力相當大，會顯得比較操勞，對後代子孫不利，容易遭受到災禍。

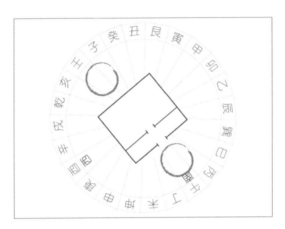

十一、淚池夾屋

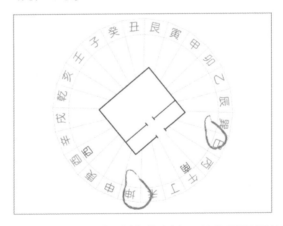

　　住宅的前面，如果有兩個池塘或水池，就像是眼淚的形狀，這樣子的水勢，會有不良的影響，代表人際關係失和，容易被人家排擠，情緒會特別緊繃，而造成諸事不順，對健康會有影響，最好要特別的留意。

十二、屋後碗池

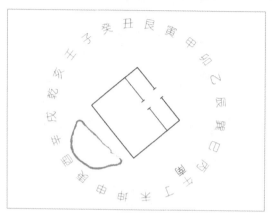

　　住宅的後面位置，如果有碗狀的池塘或水池，這樣子的水勢，運氣將不穩定，剛開始很興盛，後來卻往下掉，好運不容易持久，會遭遇到阻礙，特別是財運部分，通常會越花越多，必須稍微節制，否則將無法挽救。

十三、西側水池

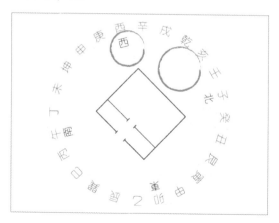

　　住宅的西方或西北方，如果有池塘或水池，這樣子的水勢，將容

易「先富後貧」，剛開始的財運很不錯，進帳也相當可觀，但由於不懂規劃，再加上人際糾紛，錢慢慢會賠光，財務上產生危機，必須借貸度日。

十四、宅前七字路

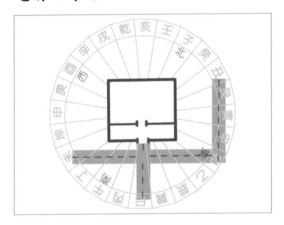

住宅前面的道路，也就是假水的部分，如果剛好呈現七字形，這樣子的水勢，對住宅有不利影響，運勢會慢慢衰退，家裡的人不平安，容易有意外災害，身體健康不理想，情況非常的凶險，必須想辦法改善。

十五、宅前人字路

住宅前面的道路，也就是假水的部分，如果剛好呈現人字形，這樣子的水勢，表示會招惹口舌是非，跟他人起衝突，事業方面有小人，甚至會官司纏身，進而有牢獄之災，情況非常的不好。

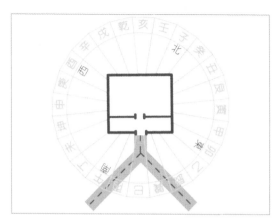

十六、宅前川字路

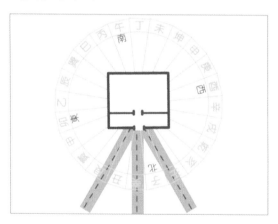

住宅前面的道路，也就是假水的部分，如果剛好呈現川字形，這樣子的水勢，會把住宅的地氣散盡，沒有辦法聚集旺氣，容易產生是非糾紛，嚴重會官司纏身。尤其是家中的男性，出外要注意災禍，身體恐怕會損傷，再者，財運不理想，會因為借貸，或經商失敗，而爆發財務危機。

Day 5

十七、宅前水岔路

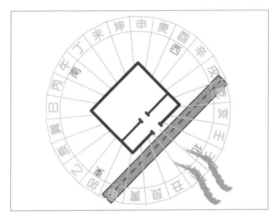

住宅前面的道路，也就是假水的部分，如果剛好呈現水岔路，就是有水流朝向住宅流過來，而道路又橫切過去，這樣子的水勢，會有很嚴重的煞氣，影響住宅裡面的人，容易遭遇到不幸，而有意外的傷亡，必須要趕快處理。

十八、宅前環形路

住宅前面的道路，也就是假水部分，如果剛好是環形道路，就是雙向道路，但中間有圓環交接，這樣子的水勢，表示災禍連連的情況，無緣無故會有火災，或是偷盜的現象，而導致財務損失，小孩子也容易夭折，沒辦法順利長大。

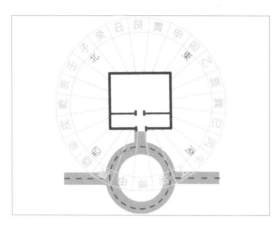

十九、北路沖屋

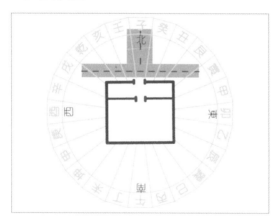

住宅前面的道路，也就是假水部分，如果有寬大的馬路直沖住宅，這樣子的水勢，會產生嚴重煞氣，對住宅的人很不利，容易有意外傷害，健康莫名其妙受損，精神狀態也不佳，很容易感到疲倦。

二十、東路沖門

住宅前面的道路，也就是假水的部分，如果大門對著東方，同時

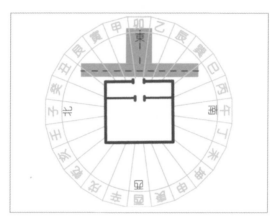

有大馬路直沖過來，這樣子的水勢，煞氣也是非常重，很容易飛來橫禍，導致生命危險，在事業方面，中途會遇到挫折，而顯得一蹶不振，經濟情況也不理想，必須要經常借貸。

二十一、屋後截路

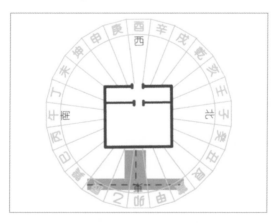

住宅後面的道路，也就是假水部分，如果有半截馬路直沖過來，這樣子的水勢，對財運不是很好，屬於「截財」的格局，很容易被人

倒會或倒債，不適合經商做生意，不然將面臨破產，家中成員很辛苦，沒有辦法累積財富，同時人際也有問題，口角糾紛特別多。

二十二、屋後路沖

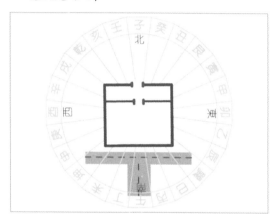

　　住宅後面的道路，也就是假水部分，如果有馬路正沖的話，這樣子的水勢，又叫做「暗箭傷人」，家裡會不得安寧，經常會發生糾紛，遭到莫名的攻擊，影響人際關係，再者，健康也不太理想，經常生病看醫生，病情會拖延很久。

二十三、雙T馬路

　　住宅旁邊的道路，也就是假水部分，如果道路呈現雙T交叉的情況，這樣子的水勢，表示財運不穩定，家中成員不和諧，會有衝突的現象，彼此互不相讓，賺錢不容易守住，而有浪費的可能。

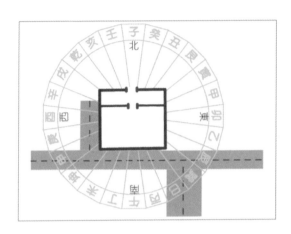

二十四、四面環路

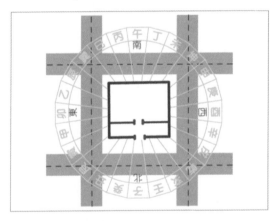

　　住宅四周的道路，也就是假水部分，如果剛好把住宅圍起來，這樣子的水勢，又叫做「四面楚歌」的格局，對男主人很不利，會有生命危險，外出容易發生意外，再者，財運也不理想，動不動就破財，必須要注意才好。

二十五、街角相沖

78

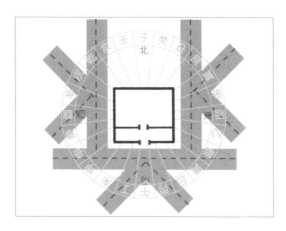

　　住宅前面的道路，也就是假水部分，無論是左邊或右邊，如果道路呈現交叉，有尖銳的角沖射過來，這樣子的水勢，對生命健康有影響，通常會有意外災害，或是某方面的疾病，特別是男性成員，不太容易長壽。

二十六、淚塘丫路

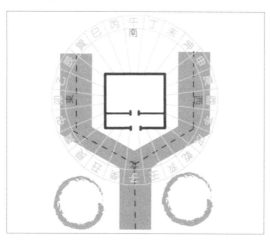

　　住宅前面的道路，也就是假水部分，如果呈現Ｙ字形交叉，而且前方左右剛好各一個池塘或水池，這樣子的水勢，屬於多災多難的格局，對事業會有阻礙，沒辦法順利進展，對財運會有損害，容易有意外破財，而健康方面，動不動就生病，對後代子孫也不好，人口會慢慢凋零。

二十七、蛇路探門

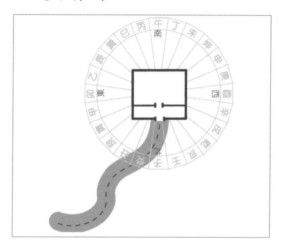

　　住宅的前面的道路，也就是假水部分，如果有像蛇行的道路，直沖著門口而來，這樣子的水勢，容易傷害到感情，家中經常會吵鬧，彼此爭執不下，陷入冷戰的局面，嚴重的話，男女會分手，夫妻會離異，弄得家破人亡。

我的學習筆記

Day 6

眼光準確看仔細，
選擇建地不隨便

一、陰靈之地、煞氣沉重

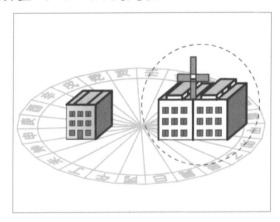

如果建築用地，以前是醫院、寺廟、墓地或是戰場、刑場的話，那麼煞氣就特別強，而且會有鬼魅、陰靈，若在不知情的情況，又缺乏適當處理，那麼將來若興建房屋，或是其他建築物，就會有靈異事

件，弄得不得安寧，像是發生兇殺案，或是經常有火災，影響居住的
人們。甚至於嚴重的話，會發生附靈現象，人的精神會失常，做出怪
異的舉動，不知情還以為是精神病，其實是陰靈附身在作祟。因此購
買建築用地，或購買房屋之前，應該要多打聽才是。

二、畸零建地、不得安寧

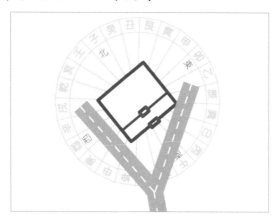

　　畸零建地的意思，就是建築用地不方正，形狀並不完整。若用五
行來劃分，就有金、木、水、火、土，金是圓形、木是長方形、水是
掃把形、火是尖形、土是方形。大部分的畸零地，都是指水形跟火
形，火形會帶來煞氣，引起家中的火災，而且還會犯風煞，而水形會
帶來煞氣，造成意外的傷害，影響身體的健康。通常畸零地的磁場或
煞氣，比一般建築物來得強烈，容易發生各種意外，像是偷盜搶劫、
開刀手術、詐騙損財等等，不適合人居住，不過若從事商場或醫院等
公眾場所，有時候反而有利，但還是需要風水師來勘查，做好妥善的
規劃。

三、沙質建地、地氣亂竄

　　若是建築用地為沙質地，那麼就不適合建築，因為地基會不穩，很容易就流失崩塌，而導致建築物傾斜或下陷。就風水學的角度而言，這樣的地層結構，地氣會四處亂竄，根本無法聚集，而得不到好磁場，也許內部的裝潢都符合風水原理，不過地氣的影響，就算居住了很久，也不太可能發達，反而是意外連連，很多災難會發生。所以建築房屋，或購買房屋前，有必要勘測地質，才不會發生問題。

四、畸零煞地、化解有方

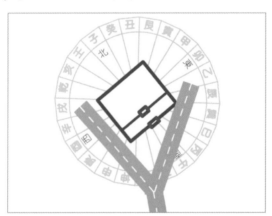

　　若建築用地或建築物，剛好是畸零地或畸零地的形狀，就會產生嚴重煞氣，讓住家不得安寧，裡面的人不平靜，容易遭遇到災厄，發生許多意外，但並非不能夠化解，而可利用風水轉化，將煞氣降到最低。像是有三角形的畸零地，在其尖端的部分，可以種植花草樹木，緩和尖型的煞氣，或利用較高大的樹木，將住宅包圍起來，以阻隔尖端煞氣，或是設置圓形水池，也有轉化煞氣的功效。不然就是將三角

畸零地，建立一座儲藏室，用門或窗簾來遮掩，讓人家看不出來，就可以避免煞氣影響。

五、來龍有情、風水寶地

所謂來龍有情，就是說在一個地點，若後面有山脈圍繞，而且左右都有砂手，加上前面名堂寬闊，而且還有湖泊或河流經過，就形成「環抱有情」的格局，是極佳的風水寶地，很適合人居住，或是做修行之用，能有特殊的感應，獲得自然宇宙的能量，讓身心的境界提升。若選擇這種地方居住，可保家運昌隆，富貴綿延。

六、埋沒農作、建地不發

當選擇建築用地時，若原本是農田或是池塘的話，就必須要特別注意，不可以隨便改建，應該要仔細規劃，不能夠直接將農作物掩埋，或是將池塘填平，就在上面蓋起房屋，若是這樣子的話，房屋將會失去地氣，而沒有辦法發達興旺，而且很容易衰敗，必須要特別的注意才好。

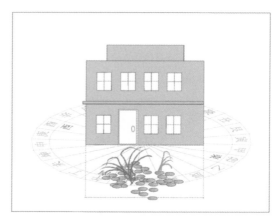

七、五行轉化、房屋有情

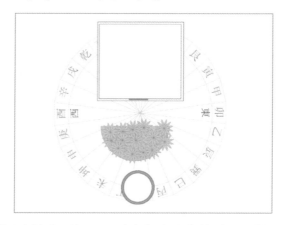

　　如果房屋建築太死板，一點生氣也沒有的話，這樣子的住宅，人住在裡面的話，就會覺得枯燥，而且心情不佳。尤其是太過方正的方屋，全都是四四方方的，沒有半點圓形或其他庭園造景，這樣就屬於無情的建築。所以必須利用五行轉化，來改變房屋的環境，因為方正的建築屬土，因此在房屋前面，若建造圓形或半圓形的水池，因為圓

86

形屬金，這樣就變成土生金、金生水的有情相生。並且在水池附近，種植一些花草樹木，不但能美化環境，也可以增添氣氛。

八、地氣有情、得財添丁

要判斷住宅的風水，最重要的是觀察地氣，而地氣就是靠山跟水路。若住宅的四周圍，都有山脈圍繞，左右砂手也都很漂亮，那就是環抱有情，表示家裡人丁興旺，後代子孫繁榮，如果水路也很順暢，沒有直沖或反弓的現象，那麼就容易得到財利，而聚集累積財富，是滿不錯的地理風水。

九、吉方會合、功名有望

如果想要出人頭地、獲得功名的話，那麼住宅的選擇方面，就必須加以考量，而其中的關鍵，就是住宅必須在「峰巒」、「流水」，以及高樓的交會點，並利用九命方位，找出一白方及四綠方，就知道適合的位置。

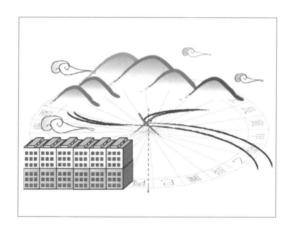

我的學習筆記

Day 7

住宅的位置好壞，
將決定人一生的際遇

一、高絕無靠、犯八風煞

所謂高絕無靠的意思，就是說房子建築在高山上，而且又高大的話，那麼就會形成一種煞氣，不適合人們居住。因為四周沒有依靠，會遭受四面八方的風吹襲，氣很容易飄散，而造成風煞的情況。又地

氣方面，必定是鬆散的情況，無法聚集靈氣，因此無法興旺住宅，一點生機也沒有，這就是高絕無靠犯風煞。這種風水對人的影響，會造成與世隔絕，人際關係不佳，缺少貴人幫助，個性會變得孤僻，而導致他人排斥。

二、建築凸高、陷入絕境

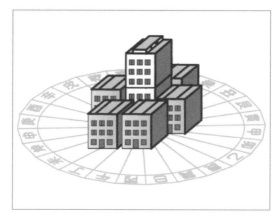

在一片房屋建築裡，如果有一棟特別高大突出，感覺上顯得很突兀，那麼這樣的建築風水，也是高絕無靠，容易犯到風煞，同樣不適合人居住。尤其若住在較高樓層，那麼容易心神不寧，情緒變得很暴躁，影響人際跟事業，嚴重的話，會招來血光之災，恐怕有生命危險，因此必須要注意，避開居住這種房屋，才不會惹禍上身。

三、建築低陷、閉塞不前

建築物如果處於低陷的位置，像是兩座山的中間，或類似山谷的地方，那麼就會產生不良影響，而導致運勢無法開展，也不太適合人

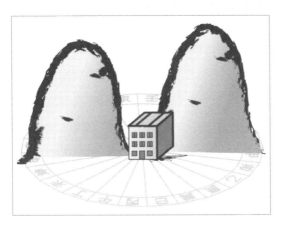

居住。因為低陷的房屋，代表主人的想法及處境，為人很容易想不開，不善於表達心事，與人缺乏溝通技巧，若遭受刺激的話，心中就有所不滿，但因為無人傾聽，壓力累積卻難以紓解，很容易想不開而輕生。同時這樣的地方，由於經常潮濕，而又屬於陰地，所以會有鬼魅、陰靈聚集，影響住宅的安寧，所以要盡量避免。

四、宅近斷崖、志氣難伸

如果房屋附近有斷崖，而且非常接近的話，就會產生不良影響，除了下雨會危險外，也會影響運勢的開展。因為人對空間的感覺，是盡量要開闊才好，視野不能太狹隘，而打開門窗就看見斷崖山壁，久了就會有壓迫感，反而不能夠當靠山，出外沒有貴人幫助，空有理想和抱負，卻沒有辦法施展。再者，這樣的環境，也容易引來鬼魅，住在裡面的人，經常生病吃藥，想法變得憂鬱，各方面都受影響，運勢將每況愈下。

五、背後有靠、貴人多助

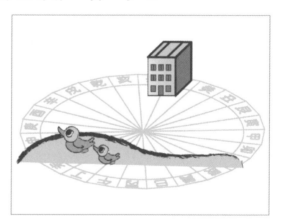

如果自己建築物的地點，背後有其他建築物，而且比前方建築高大，就會形成「背後有靠」的情勢，這就是「正受」的來龍，但前提是前方的視野，必須要能夠開闊，不能有高山或斷崖逼近，或是對著他人的屋角，而且兩旁要有其他建築，也就是砂手的部分，最好遠方還有湖泊映照，而形成優美的景觀，才可以說是良好的格局。這樣子的格局，就容易交到朋友，出問題有人來幫忙，也才能夠藏風聚氣。

六、龍虎對襯、吉祥如意

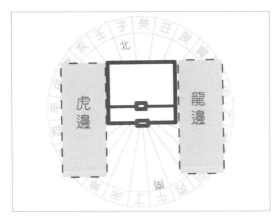

　　站在建築物的門口，向外望出去的話，左手邊的地方就是龍邊，俗稱青龍，而右手邊的地方就是虎邊，俗稱白虎。一般來說兩邊的建築造型，最好是有所對襯，不能夠相差太多，否則會帶來壞運，而有不良的影響。像是白虎邊若高過青龍，或是白虎的建築長過青龍，從風水學的角度來看！表示陰陽顛倒，會有反客為主的現象，產生嚴重的煞氣。家庭人際會失和，女性特別的強勢，很可能毆打老公，或者家裡出意外，而會有血光之災，錢財方面，也比較會耗損。

七、前低後高、人丁興旺

　　就住宅建築來說，先蓋的房子後面，如果要加蓋建築，通常要比前面高，不能夠比前面低，否則將會產生煞氣，對居住的人不理想。因為還樣暗示後人不及前人，家中的人丁會損傷，造成孤兒寡母的情況，而且事業沒有靠山，出外遇不到貴人，工作或求財非常艱辛，常常不能夠如願。

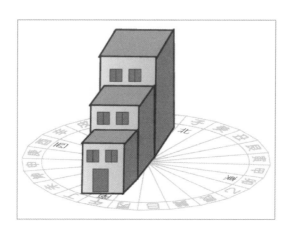

我的學習筆記

不起眼的外表下，
其實正透露著危機

一、外觀無情、頓失生機

　　如果房屋的外表，看起來就不順眼，而且讓人覺得恐怖、畏懼，或是冷冰冰的感覺，就不是良好的住宅。像是有許多尖銳的角，或是藤蔓叢生的話，就是很明顯的例子。再者，若建築物的大小不協調，

也容易產生不良影響，像是房屋較高大，但是門窗卻很小，或是房屋矮小，但門窗卻很大，比例不調和的結果，會影響人的心理，接著影響運勢，導致人際失和、財運不守。

二、建築缺裂、身體有損

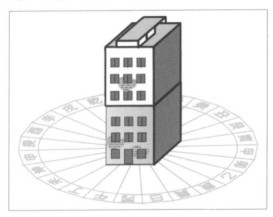

在風水學裡，建築物等於人體一樣，如果外觀有缺損或破裂的話，表示住在裡面的人，身體也會出現毛病，而導致健康受損。像房屋的正面就是人的五官、房屋的左右就是手腳、客廳就是心臟、廁所就是腎臟、廚房就是肝臟、臥室就是肺臟、飯廳就是脾臟。哪個部分有問題，相對的身體就出毛病。而如果屋頂開天窗，或是門窗跟房屋比例大小不協調，就容易有開刀的現象，必須要特別注意，盡快的改善才行。

三、井與水塔、對稱為吉

在古代的社會裡，井是生命的來源，不可以沒有井水，因此在風

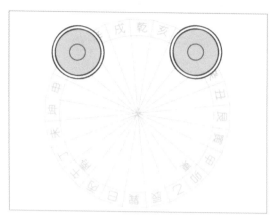

水學裡，對井也特別的重視，不但開井要擇日開挖，連封井也要慎重其事，而且井水屬於陰寒，尤其越老的井越有陰靈聚集，處理的時候必須謹慎。而在現在社會裡，家家戶戶都改用水塔，就像是以前的水井，但是水塔的設置，卻常被人忽略。比如說水塔的位置，有些會隨意設置，造成高低不平的情況，從外觀看起來，很容易一邊高、一邊低，假設虎邊較高，龍邊較低，那麼就容易出事，影響人際的和諧，甚至於耗損錢財。因此設置水塔最好是對稱，並且做一些裝飾，氣場會比較協調，才不會形成凶相。

Day 8

四、草木繞屋、疾病叢生

對於樹木花草叢生，圍繞在住宅四周，就公寓式或高樓大廈的建築，比較不會有這個問題，但是居住獨棟房屋、別墅，或是三合院的住宅，就比較容易發生。有些人以為這樣很美觀，能享受大自然的風

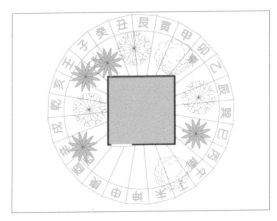

光，但風水學講求中庸，凡事都要恰到好處，才不會物極必反。如果樹木擋住了陽光，讓房屋光線黯淡，就很容易潮濕發霉，陰氣變得很重，對人體身心健康有害，而且花草樹木的根部，會侵蝕房屋的結構，導致房屋外觀受損，那麼家運就會衰敗，對居住在裡面的人，產生不利的影響，不但各方面無法開展，也會長期為疾病苦惱。不僅如此，如果太多的石頭或假山，也會有不良影響，帶來人際失和與健康的毛病。

五、房屋破損，陰靈入侵

房子住久了之後，通常因為老舊的關係，所以外觀難免會破損，牆壁會出現破裂，油漆褪色剝落，嚴重的話，鋼筋外露、外牆鬆動，給人危樓的感覺。這樣的住宅，也許建築結構沒有問題，但是對住宅運勢大有影響，如果不加以處理的話，後果恐怕不堪設想。尤其像是陰靈鬼魅，最喜歡如此的住所，因為陰氣旺盛，又沒有人整理，所以會有不同聚集，對居住在裡面的人們，很容易進行騷擾，讓住戶不得

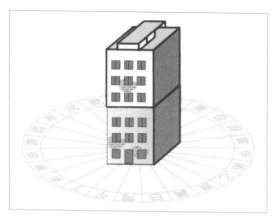

安寧，身心都有不良影響，精神狀況會很糟，必須要長期吃藥，卻檢查不出病因，錢財也因此耗費，沒有辦法守住。最好改善的辦法，就是立即整修房屋，將破損的地方修補，就可以避免這種情況。

六、房屋加建、身體長瘤

　　若是房屋的建築，在方正的外表上，有著不協調的地方，像是突出來一樣，或是加建的部分，像是儲藏室或是停車間，除了破壞整體

99

感覺，而且會形成煞氣，對住在裡面的人，身體健康不理想，很容易生病開刀，會長出惡性腫瘤。尤其若直接住在加蓋的地方，那情況更加的明顯，最好是能盡快改善，可以拆除就算了，若不能也不要住在裡面。

七、屋簷過短、血液疾病

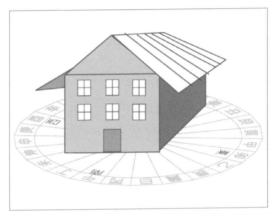

如果是獨棟的建築，那麼在屋簷的部分，就必須格外注意，不能夠沒有屋簷，而且最好是延長，遮住門外的台階，這樣下雨的時候，就不會滴到台階，而會滴到外面，否則長期的雨滴，將造成血漏之煞，有血液的疾病，或血友病的發生。

八、房屋加蓋、健康受害

如果房屋是正方形或長方形、圓形等等，但是房屋另外擴建，在旁邊建造隔間，而且形狀跟原來不同，有不協調的感覺，那麼就會產生煞氣，讓身體健康受損害，容易長出惡性腫瘤，尤其建築在右邊白虎方，那情況更加的凶險，像是停屍間一樣，又叫做「棺木煞」，對家

中人丁有影響，後代子嗣鬧將不會興旺。

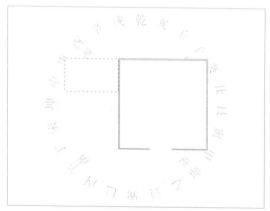

九、沖天凹陷、自殺格局

　　房屋建築若太過高聳，而且周遭房屋聚集，但都比較低矮的話，那麼就叫做「沖天煞」，反之，若是周遭房屋高聳，自己卻低矮的話，那麼就叫做「壓力煞」。這兩種煞都會影響人際，長期居住的人，會變得寂寞、孤獨，精神很容易憂鬱，但又沒地方抒發，若遭受刺激打

擊，很可能想不開，而導致自殺行為。

十、推車成煞、亡字開刀

　　住宅後面有房屋，而且剛好是兩排，朝著自己推過來，好像一個推車手把，這就叫做「推車煞」，好像有人扯後腿一樣，讓你不得安穩，居住在裡面的人，會感覺到壓迫，精神陷入緊繃。若是住宅建築，剛好是一個亡字，那麼就叫做「開刀煞」，會有意外災害，或是其

他疾病，必須開刀治療。

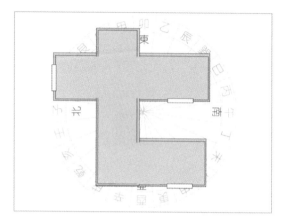

十一、門多為煞、招惹口舌

　　一般的住家，通常會有兩個門，一個是前門，一個是後門，而前門必須比後門大，這樣才符合風水原理。但若是開了三個門以上，那就必須要注意，因為會變成煞氣，容易跟人起爭執，或因為說人長短，而招惹口舌是非，嚴重還可能吃上官司，必須破財消災。

十二、門中有門、犯桃花煞

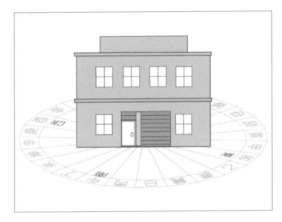

在大門的旁邊，或是大門的中間，另外還設置小門進出，這就是犯了桃花煞，容易有大小老婆，或外遇出軌的情況，對感情婚姻不利，尤其是富豪住宅，通常有這種傾向，所以會有較多排聞，以及桃色事件，對財運也相當不利。

十三、泳池乾枯、犯凹陷煞

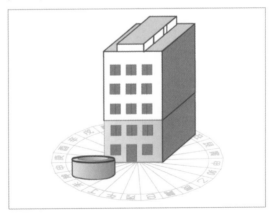

住宅建築的附近，如果要興建游泳池，那麼必須選擇吉方，而且泳池四周的尖角，不可以朝向住宅，否則會形成「尖角煞」，而且池水要保持八分滿，若是泳池乾枯，沒有任何的水，那麼就犯了「凹陷煞」，家運將每況愈下，主人會頹廢喪志，墮落不起，應該要趕快拆除，不然就要放滿水。

我的學習筆記

Day 9

四通又八達的道路，
小心煞氣就在住宅邊

一、門前沖煞、阻礙難行

　　若是房屋的前面，剛好有沖煞形成，像是對著電線桿，對著別人的屋角，或是有垃圾焚化廠、養雞場，就容易有不良影響，除了不太美觀之外，也導致運勢無法開展。住在裡面的人，健康會先受到損

害，身心不得安寧，接著工作也不順，經常會發生狀況，人際關係也
不好，而財富更會流失，而沒辦法守住。

二、前有反弓、磁場無情

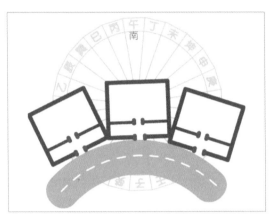

在都市裡的馬路，往往是四通八達，有的是筆直寬敞，有的是彎
彎曲曲，而在風水學裡，馬路就象徵水勢，屬於假水的部分，對住宅
影響甚大。如果房屋前面的馬路，呈現弓箭的形況，而且位於彎曲的
位置，像是一把弓箭射過來，這樣就叫做反弓煞。這樣子的地氣磁
場，是屬於無情的。所謂無情就是缺乏保護，反而會造成傷害，住在
裡面的人，很容易發生意外，而有血光之災，睡覺也不得安寧，而導
致精神緊繃，人際關係有摩擦，最好避開居住，才不會發生危害。

三、順弓反弓、命運不同

什麼是順弓跟反弓呢？其實相當的簡單，順弓就是河流或馬路，
在建築物前面經過形成一道圓弧，而將建築物包圍在內，而反弓剛好

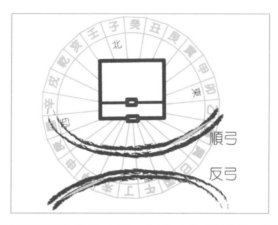

相反，圓弧是將建築物排除在外，好像有把弓對著。順弓就風水來說，屬於有情的風水，住進去人際協調，事業能夠有開展，財運會滾滾而來，是大吉大利的風水。反之，若是反弓的話，是屬於無情風水，居住在裡面的人，會發生各種災禍，像是交通意外，或是生病住院，不然就是遭人詐騙，錢財將損失慘重，沒有任何的幫助。因此在選購房屋時，必須仔細觀看，以免買到反弓屋。

四、路沖穿心、商家倒閉

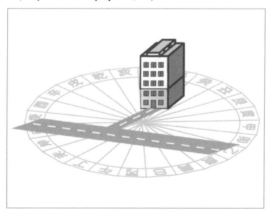

　　風水學所謂的路沖，其實就是指馬路，特別是筆直寬敞的馬路，若任何建築物有馬路朝向而來，這樣就算是犯了路沖。路沖的影響就是不穩定，建築物的磁場混亂，沒有辦法藏風聚氣，就好像一支箭射過來，又叫做「一箭穿心」的格局。商家若在此做生意，結果一定很不順利，最後將會面臨倒閉，而選擇此地居住的人，更是會情緒失控、精神崩潰，甚至於發生意外，遭受外力的傷害。所以路沖相當不利，最好是避免才是。

五、化解路沖、水池奏效

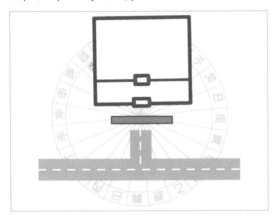

　　面對路沖的情況，若有心要解決的話，建議蓋一面高牆，將路沖的位置給擋住，這是可行的辦法，或利用圓柱形建築，將路沖煞氣給分散，可減少煞氣的衝擊，不至於影響那麼嚴重。但最好的做法是在自家的門前，蓋一座半圓形的水池，彎的那一面向著路沖，凹的那面向著自己的家，水要放八分滿，就可以化解煞氣。若是非住宅建築，就可以建造噴水池，那麼會更加安全，而且能帶來意想不到的效果。

六、尖角直射、暗箭穿心

　　一般房屋的周圍，不但不能有路沖，而且周遭的建築物，都不能產生形煞，像是尖銳的物品，或是招牌，這會產生直射煞，或是穿心煞，除了健康不理想外，在事業人際方面，容易有小人作祟，招惹上官司訴訟，造成許多困擾。

七、大門穿心、錢財難保

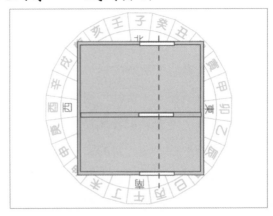

如果住宅的大門，客廳的廳門，和房子的後門，三個門成一直線，中間沒有任何阻擋，或是裝飾遮掩，一眼就可以看穿，這就叫做「穿心煞」，對於財運相當不利，因為無法藏風緊氣，很容易大進大出，沒有辦法積存，投資也將面臨失敗，導致嚴重虧損。

八、陽宅形煞、避之則吉

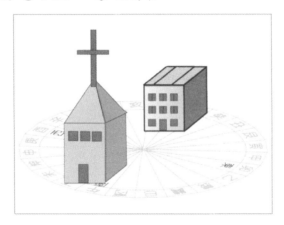

陽宅的形煞種類很多，但常見的像是別人的房屋，對到別人的屋角，或是對方的大門，或是其他建築物，如高壓電塔、煙函等等，不然就是電線桿、牌坊等等，再不然就是樹木、土堆、丘陵、高山，或是不當的水池、湖泊、或是反弓煞的道路、河川。只要能夠避開這些，那麼住宅就會平安，而不會發生問題，使得人們運勢受到影響。

 我的學習筆記

貳

人要衣裝、
佛要金裝，
住宅風水的好壞，
就從開門看起

Day 10

教你如何開門納旺氣，
讓風水立於不敗之地

一、朱雀門納氣法

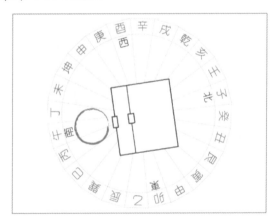

所謂朱雀納氣法，就是在建築物的中間，開設一道大門，門前可以有平台，或是公園、水池、停車場等等。

二、青龍門納氣法

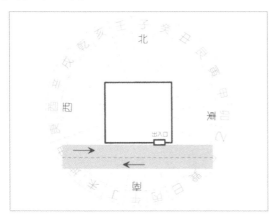

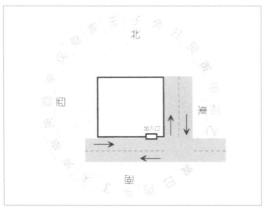

　　所謂青龍納氣法，就是在建築物的左邊，開設一道大門，門前可以是平台，或是車道、水道、水池，而車行或水流方向要由右朝向左，至於住宅旁邊的單行道，要以左進右出為吉祥。

三、白虎門納氣法

　　所謂白虎納氣法，就是在建築物的右邊，開設一道大門，門前可

115

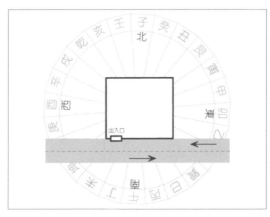

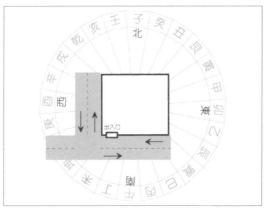

以是平台，或是車道、水道、水池，而車行或水流方向要由左朝向右，至於住宅旁邊的單行道，要以右進左出為吉祥。

四、依照水神、開門吉利

一般來說，房屋開門要選擇有利方位，因為門就是氣口，若是門口開的對，可以帶來好運氣，若是門口開錯了，反而會帶來厄運。因此門口相當重要，就好像人的嘴巴一樣，所謂病從口入、禍從口出，

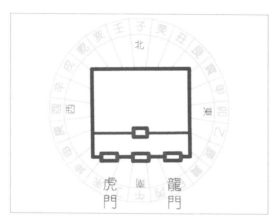

門口的好壞將影響整個宅運。那麼要如何開門呢？一般來說，是利用水神，就是地勢的高低，也就是水流方向，若是地勢左高右低，水從龍邊流向虎邊，那麼就要開虎邊的門，也就是在房屋右側，反之，若地勢右高左低，水從虎邊流向龍邊，那麼就要開龍邊的門，也就是房屋左側，這樣就比較吉利。

五、迎接水神、富貴可期

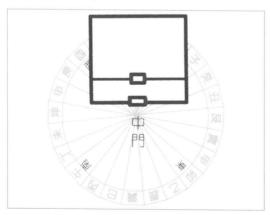

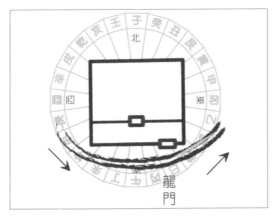

　　若是自己興建住宅，那麼大門的方位，到底要怎麼開門，才會比較理想呢？是開中門，還是開龍門，或者是開虎門？其實開門學問很深奧，但不是沒有規則，可以利用水神的流向，用來做一個定位。若是水神在門前聚集，像房子正前方是湖泊、海洋，那就可以開中門。或是地勢平坦，後面有靠山，前面沒阻礙，也可以開中門。再來就是地勢的高低，也就是水流方向，若是地勢左高右低，水從龍邊流向虎邊，那麼就要開虎邊的門，反之，若地勢右高左低，水從虎邊流向龍邊，那麼就要開龍邊的門。雖然看起來簡單，其實非常有玄機，因為水神就是財氣，若開門正確的話，就等於迎接財神爺進門，可以使生意興隆、財源廣進。

六、開門錯誤、石碑救命

　　房屋的大門如果正確，就可以迎接良好氣場，使得住宅的運勢提升，但若不幸開門錯誤，又沒辦法改門向時，那可就相當麻煩了。這時就必須利用石碑，放置在門口外面，就會產生反彈力，使得水神改

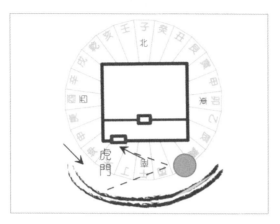

變方向，將水神之氣引入家中。像是開了龍邊的門，但水神卻流向虎邊，就要放置石碑在虎邊，反之，若是開了虎邊的門，但水神卻流向龍邊，就要放置石碑在龍邊。不過正確的位置，還是需要地理師來勘查，會比較保險一點。

我的學習筆記

Day 11

門口就是一切幸福的開始

門窗除了形式之外，裝設位置也很重要，若是正確的地方，就可以興旺運勢，增強自己的氣勢，若是錯誤的地方，運勢就會破敗，沒有發展的可能，因此不可以隨便輕視，必須依照風水學原則，才會產生好的結果。

一、青龍若開口、財寶進萬斗

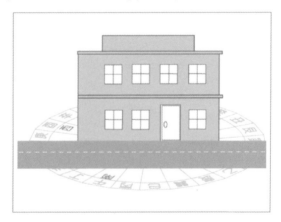

青龍就是在住宅的左邊，青龍開口的意思，就是在這裡裝置大門，依照風水學的解釋，這樣很容易遇到貴人，對事業功名會有幫助，無論是升遷或是求財，都會步步高升，比別人來得順利。

二、開口在白虎、無路可退守

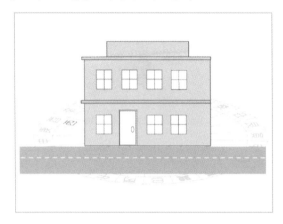

　　白虎就是在住宅的右邊，白虎開口的意思，就是在這裡裝置大門，依照風水學的解釋，這樣會遭遇到小人，出外容易發生意外，像是血光之災，或是交通意外，並且家裡會遭人偷盜，使得財物有所損失，事業也容易坐困愁城，一直沒辦法出人頭地，人口慢慢減少，運勢會走下坡。

三、大門開中間、錢財留不住

　　一般住宅建築物，為了對稱的關係，大門都喜歡開中間，但是只有辦公大樓，或是百貨商場，甚至於公家機構，才比較適合如此，因為人來人往，看起來十分氣派，而且又比較舒適。不過換做是個人居住，那情況就不太一樣，氣場較容易分散，錢財將會留不住，除非是富商人士，有可能住豪宅，門才可以開中間，不怕錢財會流失，但並不是無法改善，只要另外設置側門，平常不要開大門，就可以解決問題，降低不良影響。

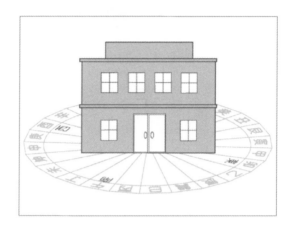

四、兩邊都開門、婚姻無法保

　　住家前面的大門口，最好只開一個門，若是同一面牆左右都各開一個門，看起來就好像一個哭字，家裡的人會憂鬱，相處上不太愉快，經常會出門在外，不願意回來家裡，若已經結婚的話，男女主人的感情會出問題，彼此無法有親密動作，久而久之，一方將會外遇出軌，結果導致離婚，不然就是有第三者，在外面另外有安樂窩，再

者，由於哭字的關係，運勢不是很理想，很容易發生意外，導致有人先死亡。不過若是住宅開前後門，或是開左右門，因為不是同一面牆，所以就不算在禁忌裡。

五、兩家門相對、運勢會消退

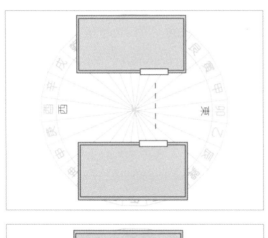

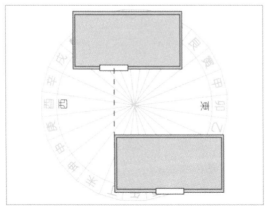

　　若是不同的建築物，像是相鄰兩排的住家，開門的地方不要相對，這樣就能夠錯開。但若門對著門的話，就是一般說的「門口正

沖」，這兩戶人家的運勢，就會互相受到牽連，一家運勢旺盛的時候，另一家就必然衰敗，而沒有辦法同時好，而且兩扇門就變成罵字，彼此很容易有口角，產生人際糾紛，還可能大打出手，必須扯上官司，氣氛非常不和諧，因此要注意改善。另外有一種是「門口偏沖」，就是大門對著大門，但是位置沒有剛好，稍微偏差了一點，就會變成其中一戶人家的門柱，對到別人的大門口，這樣又叫做「屋角煞」、「門柱煞」，情況就沒有那麼輕微，很可能會發生血光意外，家中的成員會有傷亡。

六、重重門深鎖、財運無法有

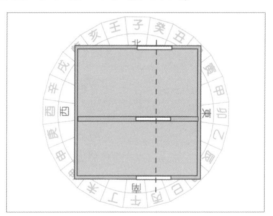

　　一般住宅的大門，通常只有一個，若必須經過多道門，才可以順利進出的話，那麼運勢也容易衰敗，這樣的設計不恰當，反而是浪費了空間，讓氣場不能順利流通，門就無法發揮效用，特別是財運方面，錢沒有辦法進來，也沒有辦法出去，對投資理財來說，這是相當不利的，因為錢要能流動，才可以發揮作用。

七、門往裡面推、富貴一直來

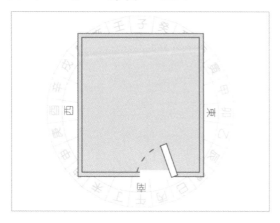

大門開門的時候，門板朝內或朝外，也是相當重要的，不可以輕易疏忽，若是朝內的話，這樣就符合風水原理，家裡的人會有向心力，彼此能好好溝通，感情就顯得融洽，也不會整天想往外跑，賺到的錢也可以守住，不會有流失的現象。再者，用現實生活來看，門若向內推的話，比較不會打到人，不但能保護自己，同時也保護別人，若是像拉門的話，就沒有朝內或朝外的問題。

八、門往外面拉，富貴如浮雲

大門向外推的話，不但容易傷到人，也有不良的影響。家中的人際關係，就會變得不理想，各自忙碌事業，講話的時間很少，感情就會變冷淡，像是親子關係、夫妻關係、兄弟姊妹關係，而且財運也無法守住，很容易因莫名的因素，使得錢不斷的支出，賺的越多就花的越多，所以必須要改善，把門改過來才好。

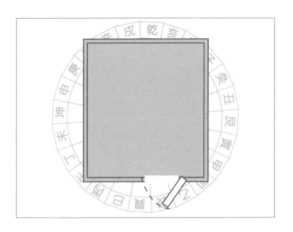

我的學習筆記

Day 12

門窗就是住宅的靈魂

　　門窗給人的感覺，除了通風的作用外，也是人們的出入口，代表對內、對外的聯絡，是非常重要的地方，尤其是別人來拜訪，所接觸的第一印象，就是家裡的大門口，因此從門口的好壞，就可以判斷主人的性格、運勢，如同俗話說的「門戶之見」，其實就是指這個意思。而現在的建築設計，門窗不像以前呆板，有各式各樣的形式，有時雖然求方便，但卻疏忽了原則，違背風水學理論，產生許多問題，這是值得深思的，以下就介紹幾種方法，來判斷門窗的裝置是否恰當。

一、開門太高、心態高傲

　　開門太高的意思，就是說大門高度很高，讓人家必須抬頭來看，

這樣會有不良的影響，人們會變得很貪婪，有愛慕虛榮的傾向，做事情不按部就班，喜歡跟人家攀關係，處理事情的時候，也容易眼高手低，沒辦法腳踏實地，而且心態會很高傲，處處瞧不起別人，人際關係比較差，因此必須要改善，不然會有奢侈的風氣，就很不容易累積財富。

二、開門太低、委屈求全

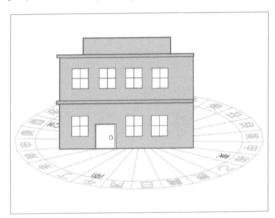

若門開太低的話，也就是進門的門楣，位置比較低一點，必須要低頭著、彎著腰，才能夠順利進出，這樣子的情況，使得人習慣往下看，想法會變得保守，眼光就看不長遠，到哪兒都沒有信心，覺得自己很自卑，委屈求全的心態，工作就無法突破，人際也不能開展，容易被人家欺負，運勢每況愈下，所以必須要改善，否則將生活在困頓當中。

三、開門太闊、散財傷身

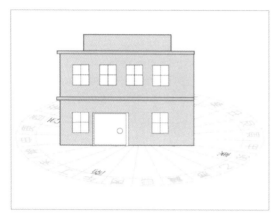

　　大門口若開的太寬闊，就沒辦法藏風聚氣，從風水學的角度而言，門口的巒頭就等於水口，水口太寬大了，代表大水傾洩而出，而水在風水裡，是代表財富的象徵，也就是說錢會流失，沒有辦法聚集財富，再者，門口也表示身體健康，若是太過寬闊，散氣太快的話，身體會變得虛弱，抵抗力一旦變差，就很容易有毛病，特別是家中的老人跟小孩，影響會比較直接，所以必須要注意，大小盡量適中，才不會發生問題。

四、開門太窄、眼光短淺

　　開門若太過於狹小，就風水學的角度而言，也是會有不良影響，就像一般人常說的：「門縫裡把人給看扁了」。居住在裡面的人，心胸會比較狹小，肚量不寬大，很容易斤斤計較，跟人家發生爭執，而且不容易妥協，眼光顯得很短淺。就現實面來考量，門太狹小也不方便，東西出入會有困難，若是有危險發生時，譬如說住宅失火了，那就可能會妨礙逃生，因此為了安全理由，門還是盡量寬闊，不要過於

狹小。

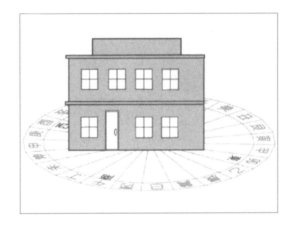

五、門高過廳、子孫不興盛

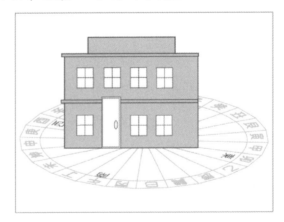

　　若開門高過客廳，也就是門楣的部分，幾乎已經貼近天花板，整個門跟客廳一樣高，這樣子的情況，就會有不良影響，家中成員會減少，不容易生兒育女，有人口凋零的現象。像是很多寺廟的前面，都會加蓋一座牌樓，牌樓的高度不能高過廟宇，不然香火就可能衰敗，

就如同台灣南部很多王爺廟，就是因為加蓋排樓，牌樓又高過廟宇，因此信眾開始減少。若是透天房屋，庭院的圍牆若過高，也會出現類似現象，因此必須趕緊改善。

六、門高於壁、家人多哀怨

許多位於豪宅的建築，在外面牆壁的大門，都做得比牆壁還要高大，建築物本身為了採光，上半部用了很多玻璃，下半部則是用磚塊，因此門顯得較高，但這樣的裝潢設計，會讓房屋受到曝曬，反而會有反效果，除了隱私的問題，心理會比較緊張，害怕其他人偷窺，也容易身體衰弱，很早就可能過世，所以必須要留意，不能為了追求美感，而違背風水的原則。

我的學習筆記

Day 13

花俏中看不重用，
樸實無華才長久

一、大門成拱形、家中無長輩

拱形的大門滿常見的，一般人會覺得喜歡，但對健康卻不理想，特別是家中的長輩，身體會比較虛弱，很容易產生疾病，壽命通常不會長，兒女會很不孝順，想辦法挖父母老本，最後花光殆盡，因此不

要為了美觀，堅持要用拱門。

二、門有大小門、整天會爭吵

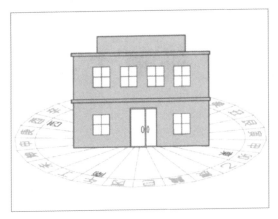

　　大小門就是一扇門分做兩邊，一邊較大、一邊較小，平常用大扇門進出，小門就鎖著不用，等到搬東西的時候，像是要搬家的情況，大小門才會一起打開。門有大小的房子，家中成員較叛逆，個性會比較倔強，小孩子會不聽話，怎麼講都沒有用，故意跟父母唱反調，夫妻之間的話，經常會無故爭執，感情不是很融洽，所以必須要注意，最好是做成大小一致，這樣就沒有問題。門若是一邊大而一邊小，若是右邊大的話，男主人會短命，很快就會身亡，若是左邊大的話，男主人會換老婆，婚姻不是很理想。

三、大門有高低、進出被人欺

　　大門若是有左右兩扇門，但兩邊不對稱的話，高低大小不相符，這樣也會有不良影響。居住在裡面的人，容易受人打壓，而沒有辦法

出頭，只能夠讓人欺負，卻不知道為什麼。而另外一種形式，則是大門旁邊有小門，像是做生意的店家，就容易有這種情況，白天上班開大門，晚上下班關門以後，就從小門走出來，這樣也算是門有高低，對運勢將產生不利。

四、大門若透風、家產變成空

大門若沒有實心，而是有中空的洞，如同格子狀、網子狀，沒有

辦法擋住風，這就不是很理想，住在裡面的人，行為舉止會很隨便，比較沒有羞恥心，而有敗壞門風的事，再者，對財運也有影響，就如同碗破了洞一樣，將會慢慢的流失，賺得再多都沒用。

五、門面太花俏、生性愛搞怪

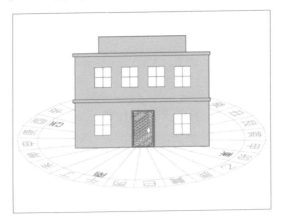

從大門的形狀裝飾、設計放置，就可以知道主人的性格，如果大門太過花俏，通常感情會比較複雜，私生活較不檢點，很容易沉迷奢華，不受道德約束，喜歡任意行事，所以在別人眼中，是比較愛搞怪的，讓人家捉摸不定，不是那麼好親近。

六、門面毀損現、家道中落顯

家裡的大門，如果因為老舊或是其他因素，導致有油漆脫落、產生裂縫，或是各種的毀損，看起來就好像很不安全，甚至於沒人居住的樣子，那就不是非常理想，會影響家中運勢，特別是人際關係跟事業工作，會一直出現阻礙，以致於無心經營，而有怠惰的現象。這樣

就算內部格局再怎麼好，也沒辦法發揮效果，因為給人的印象不佳，自然也就不會想要進去，若缺少了客人來拜訪，事業根本就不可能會成功的。

七、門面不牢靠、妻小愛吵鬧

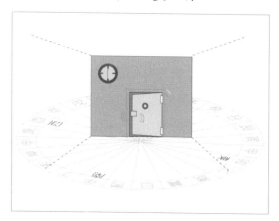

門如果在開關的時候，出現吱吱嘎嘎聲響，就表示大門已經鬆動，而且螺絲有脫落的現象，或者是缺少潤滑油，所以無法順利開

關，必須要用力關上門，造成很大的聲響。如果是這樣的話，住在家裡的人，感情就會不和睦，特別是夫妻之間，有口舌爭鬥的現象，家中氣氛不得安寧，必須要盡快處理，問題才不會持續擴大。

八、大門帶小門、感情不安寧

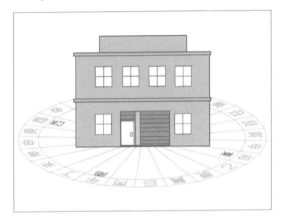

　　一般常見的店面，都會有這種設計，就是在大門裡面，中間或旁邊還有一個小門，本來是為了方便，讓物品能自由進出，但如果是住家的話，就會有不良影響，會讓身體情況變差，經常要看病吃藥，生活也容易緊張，不能夠獲得安寧，尤其是男女感情，很容易外遇出軌，在外面另結新歡而築起愛巢，所以還是盡量避免，不要有這種設計。

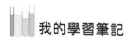我的學習筆記

Day 14
平安長壽看樓梯

一、樓梯安置、高枕無憂

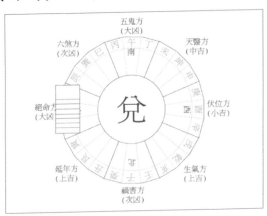

樓梯本身就是一種形煞，因此位置除了不能對著大門，或是太貼近門口之外，樓梯安置的地點，也必須加以考量，才能夠帶來福運。而安置的口訣，就是利用八宅明鏡法，安置在五鬼方可保平安，安置在六煞方可以得財，安置在禍害方避免意外，安置在絕命方會長壽。

二、開門見梯、氣場混亂

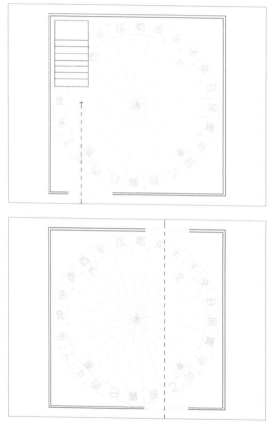

　　房屋大門進來的時候，也不適合看見樓梯，或是剛好對著樓梯，這樣氣場會變混亂，影響到家中的運勢，所以不是修改樓梯，就是將大門移位，才能夠避免災禍。再者，如果前門進去，就看見後門，或兩個門剛好相對的話，就無法藏風聚氣，導致財氣很快消散，賺錢不容易守住，投資也不會致富，應該要改變門路，來化解這種情況。另

外，大門的內外地方，不應該有雜物堆積，否則將妨礙氣場流通，導致運勢停滯不前，那就不是很理想了。

三、螺旋樓梯、預防煞氣

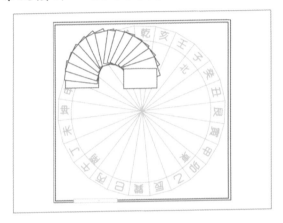

有些獨棟透天的房屋，為了美觀因素，所以會採用螺旋梯，這本來沒什麼問題，但是如果設計不當，就會變成嚴重煞氣，而影響家中的運勢。首先樓梯的方位要正確，若是安置錯誤的話，會招來意外災害，像是太過於逼近門口，感覺就像刀片般割來，情況就不是很理想。再者，不能夠正對著大門，必須要移位才行。不然就是用牆壁，或其他裝潢包起來，讓螺旋梯看不見，以減低不良影響。再不然就是利用屏風，擋在門口跟螺旋梯中間，也可以稍微減少煞氣。

我的學習筆記

交際應酬看客廳

住家一進門的地方，通常就是客廳，也叫做內明堂。這個地方非常的重要，不僅可以看出家運的旺衰，也代表主人的事業前途，更可以顯露出胸襟跟氣度，以及人際關係的好壞，如果客廳格局寬大，明亮整齊，那麼運勢就比較好，如果太窄小，昏暗雜亂，那麼運勢就比較差。

從客廳的大小也可以反應出文化差異，像是日本人、香港人，還有生活在都會區的人，客廳通常會比較狹小，除了寸土寸金，坪數較貴的緣故，表示人際關係淡薄，人跟人之間不常來往，有很強烈的疏離感，所以就不重視客廳，對客人的招待方面，態度會比較差，一般都不會在家吃飯，會選擇帶客人到外面吃。若是台灣南部人就不同，態度顯得熱情大方，對你盡情招待，讓客人賓至如歸，這個原因其實很簡單，主要是建築格局的差異，南部的房子通常前面有庭院，空房間也很多，住宅旁的空地大，客廳也非常寬敞，所以個性會比較氣派，很喜歡接觸人群，主動招待朋友，這就是客廳大小不同，所以產生影響差異。

在都市裡，客廳通常不大，每個人都躲在房間裡，很少出來擠在客廳裡，情緒上很容易緊張，反之，在鄉下地方，客廳較寬敞，大家見面的機會多，彼此會互相打招呼，情緒上就比較放鬆，由此可見，客廳格局的重要性是不容忽視的。

一、客廳明亮且整齊、升官發財好人緣

客廳既然具有重要性，特別是位於一樓的商家，好壞的影響更直接明顯，必須要稍微挑高，這樣採光才會好，門面看起來明亮整齊，客人就會上門來消費，商家才可以生意興隆。尤其是食、衣、住、行的行業，如果明亮整齊的話，會讓人具有信賴感，無形中會被吸引，自然會常來逛逛，變成店裡的熟客，能夠幫助你宣傳，就不用擔心客源。

二、客廳昏暗又雜亂、事業黯淡沒前途

客廳如果門窗較少，採光不理想的話，又不加強燈光，那麼就變得昏暗，這樣會有不良影響，事業的發展有限，缺乏貴人提拔，未來的前途黯淡，身體也開始變差，視力變得衰退。所以客廳最好要明亮，甚至能夠觀看景色，視野會比較遼闊，運勢比較能夠興旺。像是在都市裡，住家外面陽台的地方，由於做生意的關係，會有許多廣告招牌，很容易擋住視線，讓家裡光線不足，平常又不整理客廳，昏暗又加上雜亂，那肯定運勢低落，沒辦法飛黃騰達，人居住久了以後，想法會變得悲觀，喪失創新的勇氣，人際關係會疏遠，個性會越來越保守、自卑，嚴重的話會失業，經濟陷入困境中，因此客廳外面的環境，不能有障礙物擋住光線。

三、客廳尖角不方正、健康受損變潦倒

客廳會產生尖角，是因為客廳建地不方正，通常發生在靠馬路的房子，為了避免路沖，故意不對著馬路，或是想增加坪數，拼命向外面爭地，所以會切去建築物的一角，客廳就變得不方正，會有各種形狀出現，怪異的多邊形客廳，運勢上就不太平順，對健康有不良的影

145

響，眼睛容易罹患白內障，而且口舌是非很多，人際關係不協調，影響到經濟收入，必須要特別注意，並且想辦法改善。

四、客廳傾斜擺設歪、精神異常鬼怪擾

客廳格局如果不方正，家具擺設也歪斜的話，沒有按照規矩放置，那麼就有不良影響，居住在裡面的人，通常精神會出現毛病，行為舉止變得很怪異，特別是供奉神明或祖先的神桌，如果也是放置歪斜的話，鬼怪就可能入侵，半夜來騷擾睡眠，讓人不得安寧。所以好的客廳風水原則就是「方正」，家具的擺設或設計方面，也必須符合這項原則，這樣才會招來福氣，而不會造成禍端。

五、客廳高低不一致、運勢坎坷多波折

客廳的地板設計，如果呈現高低不平，或是加裝木板裝潢，這也算是不方正，尤其是山坡地的房子，地基不是很穩固，容易有移動下陷的現象，導致客廳的磁磚會突起而缺損，產生凹凸的情況，這對於運勢來說，會有不利的影響，事業會受到阻礙，沒辦法一帆風順，人際互動也較差，彼此會溝通不良。

一般來說，會有兩種情況，使得客廳地板不平，第一是地層不穩定，第二是建築時偷工減料。地層不穩定是說，山坡地下面有水流，地質顯得很鬆軟，如果有地震或豪雨發生，土壤就很容易流失，地基也會跟著傾斜，房子就變得很危險，像是天母附近的房子，以前就是沼澤地，建築物容易下陷，地板就會高低不平，運勢自然也坎坷而且波折多。建築時偷工減料的情況，也會導致地板高低不平，像是水泥灌漿沒灌好，工人也沒有抹平，不然就是鋼筋出問題，根本就沒有綁

好，所以會凹凹凸凸。

六、客廳天花板過低、委屈自卑人欺負

客廳天花板的高低，也可以影響到運勢，如果太過低的話，當居住久了以後，人們會變得焦躁，覺得生活很不安，想法將會被壓抑，有苦卻說不出來，常覺得被人欺負，受到很多的委屈，對工作沒有信心，不敢把握機會，就算有機會表現，態度也顯得自卑，無法盡全力衝刺，個性變得畏畏縮縮。一般來說，高樓大廈的天花板，通常都比較低一點，這是因為建商興建的時候，把每層樓的高度減少，然後就可以多蓋一兩層樓，表面上是為了建築結構的安全，可是實際上卻是為了多賺錢。或者是建築師設計不良，導致房屋結構改變，天花板不得不降低，減少了客廳的空間。客廳空間如果縮減，對健康其實也有影響，因為呼吸的空氣變少，容易頭腦遲鈍、反應不靈敏，對人當然不太好。

七、客廳挑高若不當、辛苦操勞損財富

有些人喜歡寬敞，所以在空間設計上，房間都弄得很大，尤其是客廳的地方，更是氣派豪華、十分高挑，但對風水學來說，這是很糟糕的情況，容易產生不良的影響。居住在這樣的房屋，心態上會較奢侈，喜歡到處亂花錢，因為氣派的客廳，表示主人愛面子，所以會四處交際，沒有辦法待在家，除了消耗體力外，錢自然花得多，長期下來，身體會逐漸老化，精神會變得昏沉，財富也無法累積，因此如果不是生意場所，或是辦公廳的用途，就不需要特別挑高，盡量適中就好，運勢才能夠穩定，而不會辛苦勞累，賺了錢卻保不住。

八、客廳狹窄不寬闊、爲人計較心胸小

客廳如果太過狹小，像是長方形的格局，對整體運勢來說，也是有不良影響。讓人個性變得以自我為中心，跟人家溝通的時候，不容易輕易妥協，長久下來，想法會更加的封閉，而沒有辦法進步，像是現在辦公室的設計，通常就是用OA在區隔，每個人都有小空間，雖然看起來有隱私，相對的也出現問題，彼此感情就會冷淡，團隊的默契就降低。因此客廳若太狹窄，人際通常就不理想，若景觀視野又不遼闊，情況就顯得更嚴重。

九、客廳空盪太寬闊、財氣向外四處散

客廳大不一定就好，如果格局太過寬闊，但是居住人口卻少，那就會顯得很空盪，沒有什麼安全感，反而覺得很恐懼，待起來很不舒服。而且就風水學的角度而言，如此開闊的空間，根本無法藏風聚氣，運勢只會不停流失，人際關係一直變動，錢財也不容易保住，應該要設法改善，增加額外擺設，否則會有不利的影響，對事業、財運都沒有幫助。

十、客廳舒適且方正、事業財運兩得意

就客廳的標準來看，就是能夠方方正正，空間的大小適中，家具的擺設妥當，而且光線很充足，整理的乾乾淨淨，動線也沒有問題，這樣住起來的話，各方面運勢都會很好，像是人際關係、事業工作、投資理財、健康情況等等，都會比別人好，而且阻礙會很少，發展相當迅速。

我的學習筆記

Day 15

百年好合看臥房

一、光廳暗房、家運興隆

客廳如果很明亮，表示家運很興旺，主人的事業前途，很有希望發展，馬上就能夠成功，人際關係也協調，但是主臥房剛好相反，必須要光線柔和、隱密性夠，這樣睡覺才安穩，也才有浪漫氣氛，夫妻感情就很好。但是不是說暗無天日，還是得要些許光線，像沒有窗戶的話，光線就不太充足，反而有不良影響，這是要注意的。

二、光房暗廳、運勢低落

如果臥室的光線太過於明亮，甚至於刺眼，沒有絲毫的隱密可言，那就會有不良的影響。夫妻感情會不和睦，很容易出現爭吵，也沒有心思在房事，自然不會生兒育女。時間一久，除了脾氣會變暴躁，人際互動也相當糟糕，對事業將產生阻礙。

三、廳大房小、順利吉祥

客廳代表一個人的胸襟肚量，如果越大的話，當然交際手腕越好，事業前途也跟著發展。反之，臥房是休息的地方，是夫妻恩愛的

場所，不是用來招待客人的，所以不需要那麼大，盡量比客廳小，但也不能夠太小，若是比例懸殊的話，像客廳非常大，而房間非常小，就表示主人愛面子，善於做表面功夫，或是打腫臉充胖子，容易有虛偽的情況，這是必須要改善的。

四、廳小房大、煩惱阻礙

臥房若比客廳大很多，就代表自我意識強烈，容易有自私的現象，對於利益非常敏感，經常對別人予取予求，但自己卻不願意吃虧，因為留給別人空間很小，但自己的空間卻很大。若是如此的話，人際關係會出問題，別人不願意來作客，家中的成員會一到家就往房間裡跑，不願意在客廳聊天，感情就會逐漸疏遠。再者，會有奢侈的現象，錢財比較留不住，家風很容易敗壞，所以無論是書房或臥房，任何的房間都不應該大過客廳。

五、人口眾多、宅小發達

台灣話經常說：「窄仔厝，住了才會富」。就是說家裡人口眾多，但是房子格局卻不大，是因為彼此經常見面，感情十分融洽，對於將來的期望，也比較有企圖心，所以就團結合作，想要換大房子居住，經過長期的奮鬥，很容易發達起來。

六、人口稀少、宅大敗壞

很多人羨慕住豪宅，認為空間非常舒適，任何裝潢擺設，都應該是最好的，表面上確實如此，但若是房屋坪數太大，人口卻非常稀少，就會顯得很冷清，缺乏人氣。長久來看的話，就帶有陰森的感

覺，情況不是很理想，家運會慢慢衰退。有些時候是年輕人外出找工作，把長輩留在家裡，家裡人口就會減少，不妨養一些寵物，像是貓、狗之類的，氣氛才會比較熱絡。

七、房中有房、家有二房

臥房裡的空間，除了衛浴設備以外，不能有其他房間，也不要跟其他房間打通，這是很不好的格局，代表老公會包二奶，在外面容易偷吃，夫妻很可能會離婚。像現在的建築設計，房間中還有書房，或是更衣室，這樣也屬於房中有房，會帶來不良的影響。

八、臥房有陽台、引來盜賊

除了住宿的旅館之外，一般房間很少有陽台，陽台就是可以出去走動，觀看景觀的那種。也許大家會覺得很棒，覺得沒什麼不妥，但其實大有玄機，就風水學的角度講，這樣會招引盜賊，很容易讓人入侵，家裡不得安寧，會有財物的損失，因此最好不要為了美觀，卻犧牲了住家的安全。

九、臥房對爐灶、性情暴躁

臥房門若對著廚房，或是爐灶的話，除了油煙會跑進房間，充滿難聞的異味，呼吸系統會有毛病，影響到人體健康外，在無形中，個性也會跟著改變，變得非常的煩躁，沒辦法安靜下來，對什麼都不耐煩，經常會衝動行事，造成人際的糾紛，所以盡量避免，不要將爐灶對著臥房門口。

十、臥房對廁所、傷亡難免

臥房不可以對著廁所，因為廁所的晦氣會影響人體健康，像是眼睛的疾病，或是腎臟的疾病，也容易造成不孕，甚至帶來楣運，發生許多災禍。因此要盡快改善，將臥房門口改向，不然就把廁所移走，就可以避免不良影響。

十一、臥房對神明廳、災禍必降臨

臥房門口對著神明廳，若是祖先牌位的話，就會有不良的影響，像是健康的情形，或是感情的問題，還可能產生靈異現象，讓家裡氣氛詭異，變得很容易撞邪，而搞的不得安寧。再者，臥房是夫妻恩愛的場所，如果忘記關房門的話，就會對神明或祖先不敬，所以要盡量避免，至少加一個門簾，才能夠稍微遮掩。

十二、臥房有兩窗、情緒就不安

臥房裡的窗戶，同一面牆不可以開兩個，否則就會形成哭字，有這種情況的話，人際關係會不好，容易起口角衝突，若是夫妻的話，感情會失和，輕者會分房睡覺，重者的話，甚至分居或離婚，因此要特別小心，窗戶不要開兩扇在同一面牆上。

十三、臥房有兩門、同床也異夢

臥房如果有兩個房門口，或是必須打開兩道門，這樣會有不良影響，夫妻感情會失和，妻子會不安於室，整天只想往外跑，很容易忽略家庭，跟家人關係疏遠，長期下來的話，家庭氣氛就會不和諧，會有較多的抱怨，夫妻若又不能溝通，恐怕會分手離婚。

十四、臥房沒窗口、運勢陷困頓

臥房一定要有窗戶，如果沒有窗戶的話，光線會不充足，通風也會很糟糕，看起來就像監獄，是關犯人的囚屋，對健康有不良影響，精神容易緊張，睡覺容易做噩夢，沒辦法放鬆身心，最後精神錯亂，對於人各方面的運勢，也會造成很大的阻礙，這樣的地方算是儲藏室，而不能夠用來住人。

我的學習筆記

Day 16
健康好壞看安床

安床位相當重要,因為床是休息的地方,每個人每天都需要睡眠,如果睡得舒適的話,就可以恢復精神與體力,反之,睡眠品質不好的話,不但沒辦法休息,還會顯得很疲倦,因此床位對健康有直接影響。再者,床是夫妻的私密空間,如果不好好放置,恐怕會造成摩擦,對彼此感情不利,更可能間接影響事業以及財富,所以床位的安置不得不謹慎。

一、床頭上方不能有樑

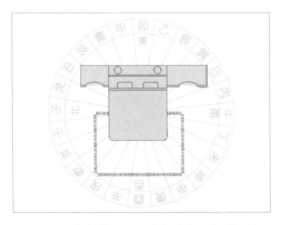

床位的上方不可以有樑柱,否則會形成壓樑的情況,就是所謂的「抬棺樑」,會使人睡不安穩,甚至精神異常,或是發生意外,如果又

是主樑的話，那情況會更加嚴重。雖然可以用天花板來裝潢，把樑柱給遮掩住，不過沒有辦法完全避免，還是會有某種程度的影響，最好的方式還是移開床位，另外找地方安置，才能夠完全避免。除了床舖外，其實書桌也是一樣，經常使用的地方，都不能夠有壓樑的情況。

二、床下方要乾淨通風

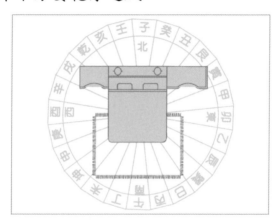

床底下會比較陰暗，有些人喜歡堆積雜物，放置各種器具，如紙張書本、家電器具、衣服拖鞋等等，很容易滋生細菌、長蚊蟲或黴菌。特別是磁鐵跟石頭，因為這兩種東西很陰涼，對人體健康不利，會有元氣受損、手腳冰冷的情況，長期睡在床上，就會變得很虛弱，筋骨很容易酸痛。所以平常床底下，必須要乾淨清空，不要任意堆放物品。

三、床不可以緊貼地面

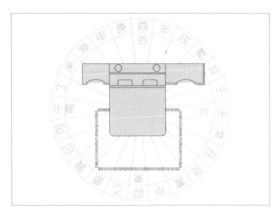

　　床位通常會墊高，不會直接接觸地面，因為地面很潮濕，會有蚊蟲來侵擾，如果不保持高度，床舖就不能通風，很容易滋生黴菌，直接睡在地板的話，人很容易生病，經常會腰酸背痛，沒有辦法睡安穩，身材會變得消瘦，男生腎臟會敗壞，女生子宮會有毛病而不容易懷孕。況且有些地板的材質，都帶有化學物質，如果被人體接觸吸收，就會產生各種疾病，所以床舖必須要墊高，以避免不良影響。

四、床頭後方不能有樓梯

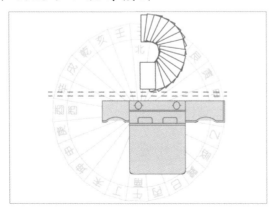

床頭後方的位置，也是非常重要的，不可以隨便輕忽，如果床頭的後方是樓梯的話，那住在房間裡的人，很容易被人倒會，健康也會出現毛病，像是腰酸背痛、腸胃出血，或腦神經衰弱等問題，所以床位放置要看清楚。

五、床頭後方不能有廁所

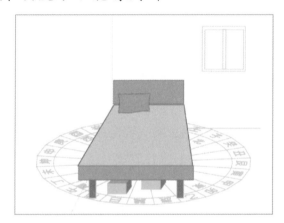

床頭靠著的後方，不可以是廁所，否則受到晦氣的影響，除了容易做噩夢，沒有辦法入睡外，還可能神經衰弱，做事情經常出錯，很懶得動手動腦，顯得無精打采。最主要的原因是因為廁所潮濕，會對人體產生損害，讓人筋骨酸痛，躺在床上的時候，就一直不想起來，如果床舖的隔壁就是廁所的話，應該要保持一段距離，不要直接靠在牆上，以避免穢氣的影響。

六、床頭後方不能有爐灶

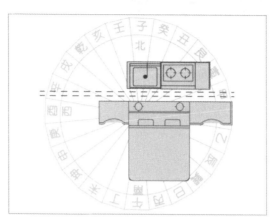

床頭的後方盡量不要是廚房,甚至是瓦斯爐的位置,因為爐灶是燥熱的器具,會讓人心情煩躁,沒辦法安靜地入睡,如果是有心血管疾病的人,還可能引起中風的現象,所以要特別小心,盡量將床頭轉移位置。

七、床不對著鏡子

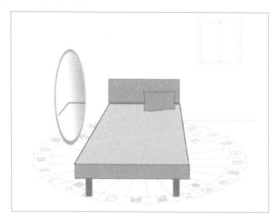

鏡子若對著床舖,會讓人健康受損,半夜睡不著覺,睡眠的品質

不好，還可能因為反射的影像，讓自己被驚嚇到。而且對於夫妻感情，會有不良的影響，彼此溝通會有問題，常常爭執不休，如果不改善的話，恐怕會導致離異。

八、床不能對電視

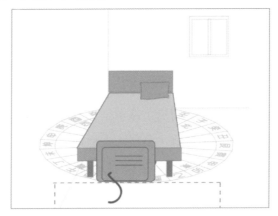

床的正前方如果有電視，或者是家電用品，這些都是帶電的東西，具有一定的電磁波輻射，對人體影響非常大，除了影響睡眠品質，還可能損害健康。再者，床頭放電視的話，人際關係會變差，家人會逐漸疏遠，沒辦法產生互動，變得主觀又自私，因此床舖的床頭，或是床尾的地方，都要避免擺放電器用品。

九、床不能對窗戶

如果床頭的後方是窗戶，就顯得不牢靠安穩，有發生危險的可能，睡覺也容易被驚醒，而且窗戶通風比較強，光線也比較強烈，不利於人體健康，如果無法避免的話，盡量用床簾遮起來，或將窗戶封閉，就能夠有所改善，降低不良影響。

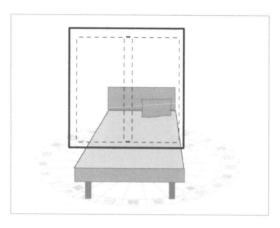

十、床上方不能有吊飾

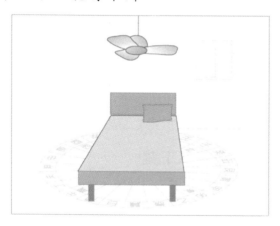

　　床舖的上方，盡量不要有燈光、吊飾，或是其他的物品，這樣除了有掉落的危險，對人也會產生壓迫感，很容易神經緊張，讓人睡不安穩，如果不能夠移走，只好移開床舖，才能夠避免不良影響。

十一、床不能夠對門口

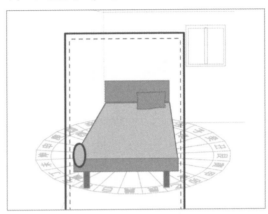

床舖的位置不能對著門口，或是通道的地方，否則會有不良影響，健康很容易受損，很容易有意外災害，或是中風的現象，對著頭就會頭痛，對著腰就會腰痛，門口對應人睡的位置，對應哪裡，哪裡就會產生毛病，嚴重的話，還可能要開刀治療，因此必須注意，不要將床對著門口或是通道上。

十二、床避免睡上下舖

有些時候房間的空間狹小，沒有辦法放床舖，就會採用上下舖的床，以方便睡覺，並且節省空間，但其實對人不利。睡覺時會有壓迫感，起身時害怕撞到頭，精神容易緊張，而且空氣不太流通，對呼吸系統會有毛病，而且睡上下舖也很危險，像是睡上舖的人，很容易翻身掉下來造成危險，睡下舖的人若翻身，整張床就會劇烈搖動，讓睡上舖的人無法安穩，對睡眠品質很不利。

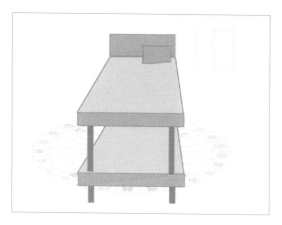

十三、床頭要緊靠牆壁

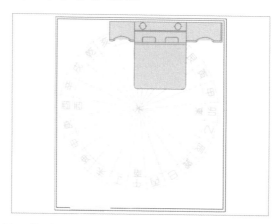

　　床頭如果不靠牆壁，就這樣睡覺的話，會有不良的影響，睡覺將很不安穩，會有鬼怪干擾，對健康相當不利，而且感情運勢也會很差，沒有辦法找到伴侶，或者是夫妻感情變淡，容易有外遇的現象，造成婚姻破裂，所以必須注意，床頭要盡量靠牆壁，或是牢靠的物品才行。

我的學習筆記

Day 17

榮華富貴看爐灶

從客廳可以看出主人的人際關係以及事業前途的好壞，而大門可以觀看家風，以及家人感情的親密度，而爐灶的主要作用，是關於民生經濟，也就是財運的優劣，也可以看出身體的健康。爐灶的位置正確、擺設正確，身體才會健康，錢自然會進來，這樣才有福享受，否則賺進再多的錢，只能用來看病吃藥，人生是沒有意義的。

一、爐灶上方樑、家裡沒米糧

家裡的瓦斯爐，也就是爐灶的位置，上面如果有樑柱，就可能非常貧困，沒辦法出人頭地，只能做個小職員，當不成主管階層，賺的錢也就不多。再者，爐灶也表示健康，如果身體被樑柱壓著，就會經常出現病痛，必須花錢看醫生，錢財沒辦法守住，因此要用裝潢把樑柱隱藏，就可以降低不良的影響，但最好還是換個位置，才能夠完全改善。

二、爐灶流水過、主人被人欺

瓦斯爐下方的空間，不可以有水管經過，或者是出現水溝，否則象徵財富被水沖走，沒有辦法積蓄起來，最後會變成窮光蛋。再者，這樣的格局，人際關係會很糟，容易有金錢糾紛，被人家倒債、倒

會，合夥做生意的話，對方會捲款潛逃，而讓你血本無歸，因此要特別注意，若有這種現象，就要盡快改善。

三、爐灶對門口、家中引盜賊

爐灶當然不可以對著門口，因為以前的爐灶是燒柴，如果在通風的地方，雖然很容易生火，但是卻也很危險，火勢會很難控制，而有火災的可能。至於現在的瓦斯爐，雖然比較安全，但還是會發生危險，像是瓦斯的火被吹熄，就會造成瓦斯外洩，一氧化碳中毒的可能，所以不得不小心。再者，風水學上的理論，爐灶是代表家中財位，對著門口或通道的話，就好像被人覬覦，引來盜賊的光顧，家裡會損失慘重，而現在的建築設計，廚房空間都強調開放，有許多的通道口，這就容易引來盜賊，對身體健康也不理想。

四、爐灶在屋外、親情薄如紙

廚房如果沒有在家裡，而是另外興建建築，設計在外頭的話，就好像在家外面煮飯，會造成家人感情疏遠，彼此很少溝通協調，對於倫常不太重視，就算發生事情，並不會主動關心，必須要三請四請，才會出面解決，親情變得跟紙一樣薄。

五、家有兩爐灶、財產爭奪戰

家裡通常只有一個爐灶，如果出現兩個爐灶的話，那就會有爭財產的問題，家人的關係也會變得惡劣，彼此互相攻訐批評，為了利益翻臉不認人。再者，也象徵夫妻感情出問題，老公有外遇的現象，在外面包養小老婆，甚至有私生子，造成不小的困擾，因此如果不是餐

飲業，為了做生意的需要，要盡量避免安裝兩個爐灶，甚至是好幾個爐灶。

六、爐灶若落陷、流浪並遷移

現在的瓦斯爐設計，都是符合人體工學的，很少會有這種現象，這是古代才有的埋鍋造飯，就是在地上挖個洞，然後燒柴生火煮飯，只有江湖賣藝、四處奔波的人，才會有這種可能，這樣一來的話，就會辛苦奔波、不得清閒，會有流浪遷移的現象。

七、爐灶四周空、健康不理想

廚房四周沒有牆阻隔，像開放式空間的設計，在現在建築經常可見，看起來很豪華舒適，但其實相當不好，因為油煙容易擴散，整間房屋都是油煙味，對健康會有損害，還容易污染環境，所以最好還是隔間，並且裝設抽油煙機，這樣子才比較適合，能預防呼吸系統的疾病，降低過敏現象。

八、爐灶居家中、死傷難避免

廚房的位置很重要，會影響家中健康跟財運，因此設置的時候，必須要仔細考量，才不會造成問題。尤其是住家的中間，千萬不可以設置爐灶，除了油煙會佈滿家中，影響人體健康之外，再者，是有安全上的考量，往後才不會引發火災，或是一氧化碳中毒，減少不必要的傷亡。

九、爐灶鄰廁所、子孫不興旺

　　廚房不可以跟廁所相鄰，甚至於共用一個空間，否則就會變成台語講的「糞嘴塞咀口」。這樣的設計之下，除了健康出問題，家人會有腹瀉、食物中毒之外，最主要的不良影響，就是不容易有兒女，或是兒女不想結婚，沒有子嗣傳宗接代，就算有的話，子孫也會一事無成，不能夠出人頭地。所以要盡快改善，才能化解這種情況。

十、房門對爐灶、煩躁又傷身

　　廚房不能對著房門，跟廚房相對的那間房間，住在那間就會有影響，情況相當的不理想，健康會嚴重受損，容易感冒生病，或是經常頭痛、血壓過高，脾氣變得暴躁，容易跟人家起衝突，引發激烈的口角，而導致血光之災。

十一、廚房對廁所、家裡沒男丁

　　廚房爐灶對著廁所，那麼對家人的健康會有很大的影響，容易吃壞肚子，或是食物中毒，必須經常跑醫院，花費不少金錢，再者，家裡會陰盛陽衰，沒有辦法生男丁，或男性容易往外跑，到處去發展事業，不願意留在家裡。

我的學習筆記

Day 18

上天庇佑看神位

神明廳跟祖先牌位的地方，都算是家裡的神位，是天人感應的地方，必須要謹慎的處理，否則會有不良影響。從陽宅風水學來說，神位若安的好，就可以保佑家運興隆，讓你越來越健康，充滿精力，反之，容易招惹鬼魅，家運容易低落，健康越來越糟糕，還容易有意外災害。

一、神明廳的開門位置

所謂：「青龍開口、招金進銀。」神明廳門的位置，必須要特別講究，房間的出入口都必須在神位的左邊，才會帶來好的家運，如果是在神位的右邊，就形成「白虎開口、無路可走」，會帶來壞的家運。再者，如果是一樓的建築，神位就可以對著大門，讓神明廳向外看，如果前方明堂越廣闊，運氣就會越興旺，能夠財源滾滾、人丁興旺。

二、神位上下方要淨空

供奉神明的地方，環境一定要乾淨，四周不可以髒亂、堆積垃圾，所謂乾淨就是東西整齊，光線要充足，不可以違背風水，避免煞氣的干擾，像是神位上方或下方的樓層，不可以剛好是廁所、廚房，否則會有不利的影響。

三、神位後方不能有廚房

神位牆壁的後方，不能夠是廚房，不然神位會不安寧，連帶的影響之下，家人性情會變得暴躁，很容易跟人爭執，健康情況也不良，會有心血管疾病，像是中風、高血壓等等。如果後方是廁所的話，那情況更嚴重，神位會因此退神，遭到其他鬼魅入侵，家運就變得低落，精神會恍惚無神，財富會嚴重外流，人丁很容易折損。若後方是樓梯的話，健康會很不理想，脊椎方面有問題，還容易被人倒債，這些都必須注意，盡量避免。

四、神位上方不能有樑柱

神位的上方不可有樑柱，若是樑柱壓著神位，或是祖先牌位的話，家裡就會出現意外，輕微者驚嚇帶有血光，嚴重者恐怕會損傷人丁。而下方的部分，不可以是排水溝，或有水管經過，否則家中會不得安寧，錢財很容易流失。

五、神位後方的牆要乾淨

神位後方的牆壁，如果很髒亂，不乾淨的話，尤其是油漆剝落，又潮濕發霉的話，對家人的健康不利，很容易得到疾病，像是過敏或皮膚病，嚴重還可能得到癌症，因此不可以輕忽，必須要粉刷乾淨。

六、神位採光要充足

神位擺設的地點，當然要通風良好、採光充足，若是過於陰暗，或是潮濕的地方，無論用多少燈光來照，效果都十分有限。良好的神明廳，前方明堂必須開闊，視野要越遠越好，而且天花板要高挑，千

萬不能夠太低，若是太低的話，就有點被欺壓，將會受到委屈。因此神位的安置，必須要經過考慮，不可以隨隨便便，否則將發生問題。

七、神明的位階

神位地點的安置妥當，接著就是神像的擺放，這是相當重要的，不可以亂拜一通，想要安置什麼神明，必須要先了解這個神明的背景，成為仙佛的理由，整個道統的源流，以及神格的位階，才可以進行供奉，一般來說，神靈大致分為仙界、佛界、神明界、鬼靈界等等。佛界的神明，仙界的神明如玉皇大帝、三清道祖、八仙等等，佛教的神明像是佛祖、觀音、羅漢等等，都要用素食、清香、水果或茶來祭拜供養。道教的神明，多屬於神界位階較高的神明，如關公、玄天上帝，祭品可葷可素。而一些掌管人間事的神明，像是灶神、王爺、媽祖、大道公，跟我們比較接近，問這些神比較靈驗，貢品一樣可葷可素。而鬼靈界的神明，由於位階不是很高，也還在修行階段，所以是民間膜拜的對象，像是地方的土地公、王爺公化的瘟神，由於好壞明分、明辨是非，若你心術不正，就會降臨災禍給你，若是誠心向善，就會特別保佑你，通常也十分靈驗。

八、神位後方不能夠凹凸不平

神位的後方，也就是當靠山的牆壁，要夠平坦、夠安穩，最好是水泥磚打造的牆，而不是其他材質，像是木板或是玻璃。如果神像背面的牆，呈現凹凸不平的現象，會影響到家運，變得坎坎坷坷，如果牆壁不正，而且歪斜的話，家裡的人將彎腰駝背，健康情況就不良。

九、神位後方要有繪畫或屏風

神像後方的牆壁，除了要乾淨、平坦，最好是能夠有裝飾，像是彩繪的屏風或是圖畫，看起來會比較舒服，而且顯得很有氣勢，如果只是白色牆壁，會讓人覺得冷清。如果不想裝飾的話，也可以塗上油漆，像是紅色或黃色，都很適合當作神明廳的背景。

十、神像後方靠山要正確

很多神位擺放神明，也都有裝飾背景，但兩者卻不搭調，前面是道教的神明，後面卻是用佛教背景，或者前面是佛教的神像，後面卻是道教的背景，這樣會有點混雜，如果可以的話，應該要統一才行，但由於民間信仰比較多元，現在就沒有注意這點，不過還是可以當作參考。一般來說，道教多半用「三清像」，代表道教的最高階層，也是精、氣、神的象徵。其他常見的圖案，像是盤龍圖、麒麟圖、八卦太極圖等等。再者神明的位階，也有一定的高低，必須要依照規範，神格越高的話，位置就放的越高，越靠近後面，這樣前面位階低的神明，才能夠有靠山，不然就形成「尊卑不分、以下犯上」。

十一、神像眼神要清澈

神像要有神靈，供奉才會有效果，否則就容易退神，讓妖魔鬼怪或是陰靈入侵，如何知道神像是否有靈，最簡單的方式就是看神像的眼睛，神像的眼睛清澈又有神，表示裡面有神靈，另一種判別的方式，就是利用氣來感應，或者說是磁場感應，至於神像眼睛不正，裡面就不會有神靈，也就用不著測試。

十二、神像要一體成形

　　家裡供奉的神像，最好是一體成形，經過師傅的雕刻，以及開光典禮，若是鑄造的神像，那效果就比較差，因為鑄造的神像，材質都不是很好，很容易損毀，而且沒有一體成形，像是拼湊起來的，如果是玻璃或陶瓷，一下子就會摔壞，而且內部是中空的，比較會有邪靈或惡鬼附身，讓人越拜越糟糕，健康、財產都每況愈下。而好的神像的材質，幾乎都是選用上好的木頭，代表蘊含天地靈氣、生生不息的意思，而且要選日子雕刻，按照一道一道的程序，才可以開光點眼，讓人家安神供奉。

十三、神像要慎選材質

　　用木頭來雕刻神像，以樟木最為實用，由於含有天然精油，可以防止腐爛，以及蟲蟻蛀咬，還能夠招引正神。另外木頭都是選用邊料，中間的部分沒有使用，這叫做「撿心」，因為中間的材質不佳，會比較快腐爛。用其他材質來做神像，也不是說不行，只是要一體成形，不能夠灌模鑄造，或是拼湊起來的。

 我的學習筆記

173

Day 19
人心端正看神像

一、背後要有靠山

神案桌要貼牆擺放，神像也要靠著牆，這樣才會有靠山，出外有貴人幫忙，來化解糾紛、煩惱，絕對不可以擺放在房屋中央，或者靠著窗戶，因為沒有靠山的話，就會遭受小人暗算，事業將一落千丈，家運會跟著衰敗。

二、神像不端正、人心跟著歪

神像的擺放，一定要中正，不能歪一邊，而且安神下去之後，就不能再輕易移動。中正的意思就是神像的鼻樑，要跟前面的香爐，後面屏風對齊中線，才算是合格的。若是歪一邊的話，家人就容易心術不正，做事會違背常理，整天都往外面跑，而不願意待在家裡。

三、神像不用多、單數較吉利

家中供奉的神明，數量不需要多，通常只要一尊就足夠，若是要供奉較多神明，則必須要單數，不可以是雙數，因為習俗認為單數為陽、雙數為陰，像是一、三、五等數目，普通人家供奉五尊已經是極限，若是再多的話，就像是在開宮廟神壇。

四、神像不能放玻璃框裡

有些人為了美觀，又怕神像沾染香煙，變得烏漆抹黑，所以將神像放在玻璃杯罩裡，看起來就像是被關起來一樣。這樣對神像不是很尊敬，而且神像的元靈會變得膽小，最後容易退神，反而會招引鬼靈入侵，造成家運衰退，必須要特別注意，不能夠使用玻璃罩。

五、神像要按位階來擺設

家中若是有多尊神明，或是開宮廟神壇，就必須注意神明位階，要依照神格的高低來排列，中間的最高、左邊的次高，接著是右邊，若用神像的高度來看，左邊最好高過右邊，這樣家裡會比較協調。

六、神像要跟房子座向同

神像的視線最好跟房子同座向，也就是大門口的地方，不然就是視野較好、看得較遠的地方，用來安置神位，情況會比較理想，若外面的地方，出現各種路沖或屋角煞，就必須重新考量，另外尋找合適的地點來安置神案桌跟神像。

七、用神妥當、旺屋興宅

房屋裡若供奉神明，如果安置妥當的話，就可以帶來旺氣，讓人一切順利，反之，則會讓家運降低，甚至於招來鬼魅。而神位安置的重點，背後要結實牢靠，不可以開門或開窗，左右兩邊要有牆，不過距離要適當，不能夠距離太遠，也不能夠太逼迫，神案桌上方不能壓樑，這樣子才會聚氣。接著要能夠迎接水神，也就是神位前方名堂開闊，而且沒有其他形煞，像是路沖、反弓水或是高山阻擋。

八、迎接水神、神位妥當

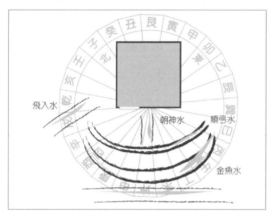

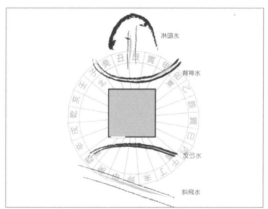

　　所謂迎接水神，就類似住宅前面，有湖泊、河流、大海，或是馬路的走向（假水），如果是順弓水，或是迎面斜入水，這就是有情水，對家宅及神位有利，反之，如果是反弓水，會是背後淋頭水，那就是無情水，對家宅及神位不利。

■■■我的學習筆記

參

神奇風水開運術，
讓你點石成金、
脫胎換骨

Day 20

風水升官圖，
馬上出人頭地

俗話說：「人在做、天在看」。努力總是會有成就，但是在時候未成功前，還是會遭遇到挫折，以及許多困難考驗，問題不一定就好解決，想法也不一定看得開，心中有太多的為什麼，卻找不到人可以問，為什麼努力加班工作，薪水卻一直不調漲，而別人就有獎金拿，為什麼周遭人都已經升遷，當上主管耍威風，自己卻是小職員，任人使喚來、使喚去，心裡實在很不甘心、很不平衡，又為什麼主管老是針對我、苛責我，讓我背上黑鍋，別人卻在看笑話。這許許多多的為什麼，其實可以透過風水檢視，馬上就讓你知道答案，並且掌握反敗為勝、東山再起的秘訣。

1、換個好位置、升遷無法擋

對於一般人來說，風水理論也許深奧了點，不是那麼的熟悉好懂，但是辦公室環境的好壞，以及位置的影響，是可以馬上檢視，就能夠知道答案，並沒有想像中那麼複雜。辦公室的座位方向，通常是用辦公椅來看，辦公椅放置在哪個位置，也就是哪個座向的方位。以下就提供各辦公室方位的風水重點，讓大家來進行檢視。

180

一、位於東方、東北方

辦公椅位在東方、東北方的話，長期影響下來，個性會變得有禮貌、守秩序，很喜歡有條有理，將事情分門別類，雖然辦事效率好，能得到老闆信任，但是顯得太拘謹，不太會變通行事，企圖心變得較弱，有時會錯失良機，影響升遷的運勢。如果要化解這樣的困境，辦公椅在東方的話，就要在桌上的東北方放電話，或是音響設備，不然就是電腦，將可以帶動升遷磁場，順利的得到提拔。若是辦公椅在東北方的話，就在桌上的東方，放電話、音響設備、電腦設施，這樣就可以產生效果，獲得主管的肯定。

二、位於西方、西南方

辦公椅位在西方、西南方的話，長期影響下來，個性會變得急躁，沒有耐性，遇到困難、棘手的工作，就會顯得很不耐煩，因此容易出差錯，雖然辦事能力強，不太會拖泥帶水，但卻讓人感覺高傲，而影響升遷的運勢。如果要化解這樣的困境，辦公椅在西方的話，就要在桌上的西南方放電話，或是音響設備，不然就是電腦，將使步調

變沉穩，工作效率能提升，完成交代的任務，而有升遷的機會。若是辦公椅在西南方的話，就在桌上的西方，放電話、音響設備、電腦設施，這樣就可以產生相同的效果。

三、位於南方、東南方

辦公椅位在南方、東南方的話，長期影響下來，個性會變得喜惡分明，容易講話得罪人，而且愛斤斤計較，跟人家發生摩擦，人際關係較糟糕，而影響升遷的運勢。如果要化解這樣的困境，辦公椅在南方的話，就要在桌上的東南方放電話，或是音響設備，不然就是電

腦，將使講話有分寸、得體，人緣比較理想，心胸較為寬闊，能容忍他人過錯，得到主管的欣賞，而有升遷的機會。若是辦公椅在東南方的話，就在桌上的南方，放電話、音響設備、電腦設施，這樣就可以產生相同的效果。

四、位於北方、西北方

辦公椅位在北方、西北方的話，長期影響下來，個性會變得溫和、平易近人，協調性非常好，很適合做公關，但過於遷就他人，遇到決策的時候，顯得三心二意，拿不定主意，因此失去了機會，而影響升遷運勢。如果要化解這樣的困境，辦公椅在北方的話，就要在桌上的西北方放電話，或是音響設備，不然就是電腦，將能增加自信心，做事情能夠果斷處理緊急的情況，很適合擔任主管，而有升遷的機會。若是辦公椅在西北方的話，就在桌上的西方，放電話、音響設備、電腦設施，這樣就可以產生相同的效果。

五、座位不與主管相沖

所謂位置相沖，就是跟主管面對面，辦公桌椅方向剛好相反，同在一條直線上，磁場會相互排斥，而顯得格格不入。假設跟主管相沖，那麼主管會特別盯著你，讓你工作非常緊張，而且容易出差錯、背黑鍋，而被責罵的機會也多。相對的，若自己是主管，下屬的表現較差，總是達不到要求，將會不停的更換，卻沒有人能夠滿意。

若主管辦公桌椅在西北方，職員就應該避開東南方。

若主管辦公桌椅在西方，職員就應該避開東方。

若主管辦公桌椅在西南方，職員就應該避開東北方。

若主管辦公桌椅在南方，職員就應該避開北方。

若主管辦公桌椅在東南方，職員就應該避開西北方。

若主管辦公桌椅在東方，職員就應該避開西方。

若主管辦公桌椅在東北方，職員就應該避開西南方。

若主管辦公桌椅在北方，職員就應該避開南方。

2、居家風水該如何布置客廳

一、採光要明亮

新春期間的客廳擺設，燈光是最重要的，因為客廳屬於陽，臥房屬於陰，就是「光廳暗房」的概念。意思是客廳盡量明亮，事業、財運才會興旺，人際關係才會好，臥房則盡量幽暗，夫妻感情較和睦，睡眠情況較理想。因此新春要布置客廳，最好先從燈光著手，更換老舊的燈管，或在旺氣方加強照明設備，並且配合粉刷油漆，將脫落的油漆修補，讓客廳煥然一新，變得更加明亮，磁場就可以改變，事

業、財運自然會提升。

二、景觀要美化

客廳是客人進門的第一印象，如果非常的髒亂，那麼讓人的印象差，人緣自然不會好，事情也很難談成，特別是客廳若有明堂，就是看出去的陽台，若是堆滿了雜物，或是枯萎的盆栽，或是用來晾衣服，而有內衣褲出現，實在非常的不雅，還會招來陰氣，運勢將會下降。因此必須要加以美化，將雜物清理乾淨，植物盆栽擺放整齊，要選用綠色植物，或是較鮮豔的花草，氣氛會比較優雅，而盡量不要在陽台晾衣服。若是客廳沒有陽台，牆壁上也可以用一些圖畫來裝飾，以增加客廳景觀的美化，將能夠前程似錦。

三、玄關要整齊

玄關是進門後的地方，通常用來擺放鞋子或雨具，如果沒有整理的話，看起來比較凌亂，讓雜物四處擺放，那麼將會影響財運，因為會形成阻礙，使氣流不順暢，風水學常講：「財神不進暗門。」暗門就是髒亂、昏暗的意思。所以要改變磁場，增加良好運勢，客廳到玄關的地方，要打掃乾淨，鞋子和雨具整齊排列於櫃子，並且加強照明設備，燈光盡量不要關，這樣就可以化解陰煞，招來陽氣，運勢自然會上升。

四、調整沙發的位置

沙發的位置其實很重要，不只跟生活習慣有關，跟風水運勢也有很大影響。因為沙發的位置，攸關客廳的動線，以及電視機的位置，

如果客廳空間較小，那麼沙發盡量靠牆，不要太過緊縮，以免壓迫到走動的路線，造成人員進出不方便，若客廳空間較大，那麼就不需要靠牆，可以稍微拉寬，以符合寬敞的空間。而其他物品的擺設，電視機、茶几、椅子、櫃子等等，都必須合乎自然、順暢，不要太過於奇怪，以避免形成阻礙。若是要精確求方位，或是沙發的顏色，就必須請專業風水師來鑑定。

五、避免堆放物品

客廳是人生活的空間，經常有人走動，若是堆放太多物品，不但很難進出，而且雜亂的物品，讓人心情不愉快，有著沉重的感覺，甚至若是古董、雕像、玩偶太多，將會聚集陰氣，陰氣會使人生病，影響到身心健康。財運、人際自然就會不順遂。再者，風水學裡，古董（陳舊）物品象徵官非、退氣，容易有官非口舌、訴訟纏身，輕則損害名譽、重則破財消災，特別是擺放在煞位，影響力更加大。

六、魚缸盡量適當

招財運最好的方式，就是擺放一個魚缸，特別是在客廳裡，很多人都喜歡放魚缸，認為這樣可以招財運、發富貴，而且魚缸越大越好，其實這樣的觀念是錯誤的，而且非常要不得，因為魚缸本身也帶有凶煞，放在凶煞方的位置，家人很容易開刀、生病，招惹小人、觸犯官非，甚至於血光意外、花錢消災。所以客廳用魚缸來裝飾，盡量不要太大，否則會有「兩宮」的情況，就是八卦方位裡，佔了兩個卦氣，這樣會造成磁場混亂，產生負面影響，事業不但不成功，還可能遭遇挫折、失敗，賠上一大筆錢。再者，財位不一定就是進門的對角

線，最好先請專業風水師指點位置，再來擺放會比較理想，才能夠升官發財、健康如意。

七、裝飾不能亂擺

有些人希望營造氣氛，讓客廳有藝術氣息，所以會用圖畫、刀劍、雕件、佛字等等物品，如果掛一兩個還好，最怕掛太多，反而出現反效果。因為相由心生，太多的訊息刺激，無形中影響人的精神，像是宗教性的物品，會讓人對物質性較不追求，失去企圖心、上進心，財運自然就不佳，但卻不容易發覺，而且也比較晚婚。刀劍一類的裝飾，更容易招引血光，會有意外發生，必須破財消災。而圖畫方面，例如「八駿馬」圖，馬頭如果向外跑，就會一直破財，因為馬代表財祿，向外跑的話，就是財祿送給別人。還有最常見的就是鏡子，鏡子其實帶有煞氣，用的好可以擋煞，用不好鏡子本身就變成煞氣，會有血光災禍發生，通常不適合「開門見鏡」，因為不管什麼氣，是煞氣或旺氣都會彈回去，造成接不到旺氣，所以運勢會一直下降。所以各種裝飾必須謹慎，請專業風水師來鑑定方位，這樣會比較理想一點。

八、注意電器用品

電器用品有電磁波，會干擾周遭的磁場，在客廳裡，像是電視機、電腦、冷氣、音響、電風扇、電磁爐等等，相關的電器用品，都帶有電磁波，放在好的方位，就會招引旺氣，形成共鳴，若是放在壞的位置，就會引發煞氣，造成混亂磁場。因此客廳的電器用品，除了常用的之外，其他的盡量減少，才不會破壞風水，影響住宅運勢。

■■■我的學習筆記

Day 21

居家風水事業開運

　　想要在新的一年裡工作更順利，事業更上一層樓嗎？那麼就可以利用居家風水來達成願望，特別是客廳的部分，關係著事業、人際的發展，所以要用心布置，不可以隨便擺設，以免帶來壞的影響，造成煩惱與阻礙，開運不成反而觸楣頭，那可就不太好了。以下介紹幾種新春事業開運的方法。

1、客廳牆壁的顏色

　　客廳是人聚集的場所，使用的次數頻繁，待的時間也很久，因此在無形中，會影響人的心情，具有潛移默化的效果，而且客廳是招待客人的地方，客人一進門就會看見，所以客廳的布置情況，會變成客人的第一印象，如果印象良好的話，客人就容易產生親切感，願意跟主人接近，反之，印象不佳的話，就容易產生疏離感，對主人懷有戒心，而風水開運裡，最直接能影響的，就是客廳牆壁的風水，因此在新春到來的前夕，不妨將牆壁重新粉刷，就可以改變磁場，轉換成好的運勢，對人際跟事業將有幫助。以下就用易經八卦的角度，提供不同客廳方位的開運顏色。

一、若客廳在住宅北方

牆壁顏色最好是粉刷蘋果綠、草綠色、天空藍、米白色等顏色，將可以增進人際關係、開展事業，最忌諱粉刷黃色，將破壞人際和諧、阻礙事業開展。

二、若客廳在住宅西北方

牆壁顏色最好是粉刷米白色、米黃色、白色等顏色，將可以增進人際關係、開展事業，最忌諱粉刷紅色，將破壞人際和諧、阻礙事業開展。

三、若客廳在住宅西方

牆壁顏色最好是粉刷蘋果綠、草綠色、天空藍、米白色等顏色，將可以增進人際關係、開展事業，最忌諱粉刷黃色，將破壞人際和諧、阻礙事業開展。

四、若客廳在住宅西南方

牆壁顏色最好是粉刷米色、白色、米黃色等顏色，將可以增進人際關係、開展事業，最忌諱粉刷綠色，將破壞人際和諧、阻礙事業開展。

五、若客廳在住宅南方

牆壁顏色最好是粉刷草綠色、米黃色等顏色，將可以增進人際關係、開展事業，最忌諱粉刷黑色，將破壞人際和諧、阻礙事業開展。

六、若客廳在住宅東南方

牆壁顏色最好是粉刷草綠色、米色、米白色、灰藍色等顏色，將可以增進人際關係、開展事業，最忌諱粉刷白色、金黃色，將破壞人

際和諧、阻礙事業開展。

七、若客廳在住宅東方

牆壁顏色最好是粉刷綠色、米色、米白色等顏色，將可以增進人際關係、開展事業，最忌諱粉刷白色，將破壞人際和諧、阻礙事業開展。

八、若客廳在住宅東北方

牆壁顏色最好是粉刷白色、米色、米黃色等顏色，將可以增進人際關係、開展事業，最忌諱粉刷綠色，將破壞人際和諧、阻礙事業開展。

2、開運的擺設裝飾

客廳的裝飾擺設、喜好通常因人而異，原本沒有什麼關係，但是對風水學來說，這些擺設可是有學問的，若位置擺設的好，就可以替運勢加分，若位置擺設錯誤，那麼就會有壞的影響，家中往往不安寧，容易有人際糾紛，工作事業受阻礙，沒辦法順利升遷，久而久之，運勢自然每況愈下。因此在新春期間，想要藉由擺設來開運，就必須要注意擺設的方位。以下利用出生年次來提供開運物品的擺設方位。

一、一坎命人

男性民國34、43、52、61、70、79
女性民國39、48、57、66、75、84、93

1. 西南方與東北方可以放置金屬裝飾品，將可以改善人際，化解不良磁場。

2.西方可以放置植物盆栽，能夠增進事業順利，減少口舌是非。

3.西北方可以放置財神像，或招財進寶字畫，可以順利升遷、增加人緣。

二、二坤命人

男性民國33、42、51、60、69、78

女性民國40、49、58、67、76、85、94

1.北方可以放置金屬裝飾品，將可以緩和情緒，不容易煩躁，增進人際和諧。

2.西方可以放置魚缸或水瓶，能夠增進工作效率，減少阻礙困擾。

3.西北方可以用紅色系家具，或紅色的裝飾品，能獲得上司讚賞，而升官加薪。

三、三震命人

男性民國41、50、59、68、77、86、95
女性民國41、50、59、68、77、86、95

1.東北方可以加強照明，擺設燈光，將可以增進人際和諧，避免小人扯後腿，引來無謂的是非。

2.西方可以放置魚缸或水瓶，能夠增進工作效率，減少阻礙困擾，不會遭受惡意刁難。

3.西南方可以用紅色系家具，或紅色的裝飾品，能獲得上司讚賞，而升官加薪。

4.西北方可以放置山水圖畫，像是湖泊或池塘，能讓工作順利，不容易半途而廢。

四、四巽命人

男性民國40、49、58、67、76、85、94

女性民國42、51、60、69、78、87

1.西北方可以加強照明、擺設燈光，將可以化解糾紛，減少口舌是非，名譽不容易受損害。

2.東北方可以放置魚缸或水瓶，能夠增強說服力，與人好溝通、相處，不會受到同事批評妨礙。

3.西南方可以用紅色系、紫色系家具，或紅色、紫色的裝飾品，能獲得上司讚賞，而升官加薪。

五、五中宮命人

男性民國39、48、57、66、75、84

女性民國42、51、60、69、78、87

1.北方可以放置金屬裝飾品，將可以緩和情緒，不容易煩躁，增進人際和諧。

2.西方可以放置魚缸或水瓶，增進工作效率，減少阻礙困擾。

3.西北方可以用紅色系家具，或紅色的裝飾品，能獲得上司讚賞，而升官加薪。

4.南方可以懸掛日出東方的圖畫，將可以轉化磁場，而不容易遭小人陷害。

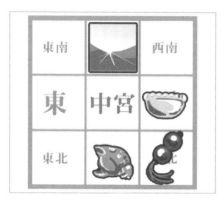

六、六乾命人

男性民國38、47、56、65、74、83、92

女性民國43、52、61、70、79、88

1.北方可以放置金屬裝飾品，將可以緩和情緒，不容易煩躁，增

進人際和諧。

2.西方可以放置魚缸或水瓶，能夠增進工作效率，減少阻礙困擾。

3.南方可以用黃色系家具，或黃色的裝飾品，將保持良好健康，充滿工作鬥志。

七、七兌命人

男性民國37、46、55、64、73、82、91
女性民國45、54、63、72、81、90

1.北方可以放置植物盆栽，將減少意外災禍，而不太容易破財，或是人際糾紛。

2.東南方可以放置魚缸或水瓶，能夠穩定情緒，人際溝通順暢，減少阻礙困擾。

3.南方可以用黃色系家具，或黃色的裝飾品，能減少人際糾紛，以及意外的破財，能得到貴人幫助。

八、八艮命人

男性民國36、45、54、63、72、81

女性民國37、46、55、64、73、82、91

1. 北方可以放置金屬裝飾品，將可以緩和情緒，不容易煩躁，能安靜思考，處理事情更得心應手。

2. 南方可以掛日出東方的圖畫，或是加強照明設備，能夠增進工作效率，化解不良磁場。

3. 東方可以用紅色系家具，或紅色的裝飾品，能避免口舌是非，不會遭到小人陷害，影響事業前途。

九、九離命人

男性民國35、44、53、62、71、80

女性民國38、47、56、65、74、83、92

1. 東北方可以放置金屬裝飾品，將可以緩和情緒，不容易煩躁，增進人際和諧。

2. 西方、西北方可以用黃色系家具，或黃色的裝飾品，能獲得上

司讚賞，而升官加薪。

我的學習筆記

居家風水避開小人的方法

很多人的事業不好，工作經常有阻礙，特別是人際關係，老是有人來作對，不然就是扯後腿，其實並非完全是個性的影響，而是住家的風水出問題。其中最關鍵的地方，就是進大門（玄關）之後看到的景觀，也就是客人、外人的第一印象。若是開門就見到不當的擺設、場所，在風水學上來說，稱做「開門見煞」，是很不好的格局，不但會影響家運，帶來許多災厄，嚴重時，甚至會引發意外，讓身家性命不保，所以要特別謹慎。以下提供幾個原則，讓你檢視是否有這些情況，如果有的話，那就得趕快改善，以免發生不良影響。

一、開門不可以見飯廳

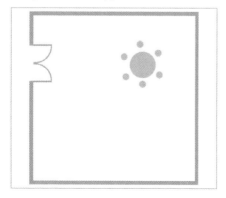

199

開門就看見飯廳，表示主人很享受，很重視物質生活，但相對的，心態上較為鬆懈，鬥志沒那麼旺盛，就不會那麼積極努力，因此對事業不利，常常遇到挫折就逃避，而不想去面對，而且容易交到酒肉朋友，彼此容易花天酒地，不但浪費時間、金錢，同時也失去上進的動力，是非常不利的格局，最好是能夠搬移，不然就是加裝屏風，才能減低不良影響。

二、開門不可以見廚房

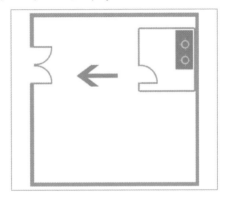

廚房是煮飯的地方，難免有些髒亂，並且油煙味道重，若是開門讓客人見到，恐怕人家的印象就不好，在人際關係方面，就會不自主的產生疏離感，影響到往後的發展。再者，廚房是家中的財庫，也是女主人的方位，若財庫開門就被人看見，就好像故意炫耀，讓人家覬覦的感覺，久而久之，將會有財務糾紛，不然就是爛桃花，影響家人的和諧、夫妻的情感。最好是能夠移走，不然就是加裝屏風，降低不良的影響。

三、開門不可以見廁所

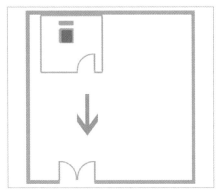

　　開門就見廁所的話，廁所是排泄的地方，充滿了髒亂、穢氣，若是讓人家看見，就會產生不好的印象，並且覺得很不自在，無形中會看不起這一家人，家人將有被欺負的感覺。再者，廁所也代表健康，開門見廁所的話，健康一定走下坡，而且家運會衰敗，很難加以挽救，除了改大門方位，就是將廁所移走。而用其他方式補救，像是加裝門簾、屏風，就比較看不出效果。

四、開門不可以見魚缸

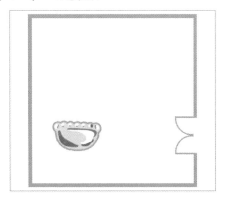

　　開門就看見魚缸，也就是魚缸正對著大門，如果是好的方位，那麼影響還不大，若是位於煞氣方位，那麼後果就很嚴重。因為魚缸代表財源、感情、健康，恐怕會導致生意失敗、破財負債，夫妻容易有外遇，而婚姻破裂，或是家人常生病，吃藥打針、開刀治療都沒什麼效果，或是病情拖延很久，比較不容易痊癒。所以如果沒有把握，就不要讓魚缸對著大門，不然將引發凶煞。

五、開門不可以見樓梯

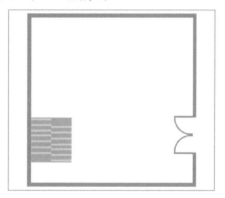

　　開門見到樓梯的話，樓梯若是正對著門，就會產生一股衝力，把氣向門內帶出去，造成不穩定的氣流，使得家中人丁不安寧，身心不能夠平衡，在家裡待不住，會想要往外面跑，小孩子會嬉戲玩樂，忘記讀書、考試，大人則呼朋引伴，一起享受玩樂，浪費無謂的金錢。是一種會消耗家運的格局，因此要盡快改善，把門口改向，或是樓梯改向，不然就是加裝屏風，或是利用裝潢，把樓梯給遮住藏起來，開門看不見就沒關係。

六、開門不可以見鏡子

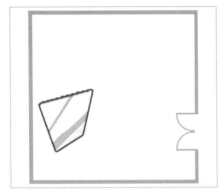

　　鏡子是一種反射的東西，所以帶點煞氣，會反彈各種磁場，若是進家門的是旺氣，鏡子會反彈旺氣，住宅吸收不到旺氣，那麼家運就會衰敗，反而會形成凶宅。再者，因氣場反彈的緣故，家中成員會逐漸形成疏離感，產生對立的現象，每個人只顧著自己，而不願意關心別人。主人不愛家，小孩不用功，事業運一落千丈，做事情投機取巧，不能夠腳踏實地。這時最好將鏡子移走，若是門外有其他種煞入侵，需要用到鏡子時，最好是經過開光，選擇反光鏡或較小的鏡子，就比較不容易出問題。

七、開門不可以見臥房

　　臥房是休息的場所，開門就見到臥房，睡覺就不能安穩，容易產生神經緊張，或是失眠的現象，將影響身體的健康。再者，臥房象徵著感情，情人則容易吵架，夫妻則容易爭執，而且開門就被人看到，暗示著第三者來入侵，將會有桃色糾紛，導致嚴重後果，輕則花錢消災，重則家庭破裂。應該要加裝屏風、門簾，並將床舖移位，才能夠

改善問題。

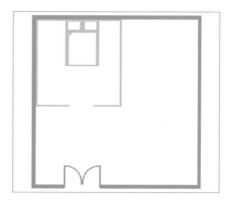

八、開門不可以見窗戶

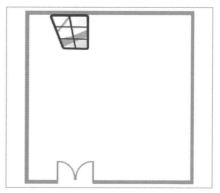

開門看見窗戶，是說剛好對著門口，形成一直線的情況，風水學叫做一箭穿心，屬於「穿心煞」。有這種現象的話，家中很容易漏財，再怎麼努力賺錢，最後都守不住，還會被人家借貸，最後卻故意不還，而且健康比較差，因為氣流太強烈，無論是旺氣或煞氣，結果都不理想。最好是移走窗戶，不然就是加裝屏風、高櫃，或利用裝潢阻擋，就能夠化解凶煞。

我的學習筆記

Day 22

居家風水增加
事業上的貴人

客廳所在的位置，代表著家庭的主人運，同樣也代表著事業運，如果客廳出了問題，那麼不但主人會出事，事業也好不到哪裡，而最明顯的影響，就是沒有貴人來幫忙，反而是小人扯後腿。通常客廳若是寬敞、明亮、整齊，那麼事業運就比較旺，將來的前途可期，反之，若是狹小、陰暗、髒亂，那麼事業運將一落千丈，而很難東山再起。因為客廳算是公共空間，象徵主人的人際關係，若是客廳格局好，人際關係就不錯，當然能獲得助力，若是格局差，人際關係就糟糕，反而會遭人拖累。以下提供幾個方法，讓你可以增加事業上的貴人運。

一、客廳光線昏暗無前途

客廳是公共空間，是人際交流的場所，在風水學的理論，也代表著主人運勢，也是事業運的象徵。所以客廳若明亮，就表示人氣旺盛，事業能得到貴人幫助，各方面的運勢自然會好轉。若是過於昏暗，就表示前途缺乏光明，容易遭遇小人陷害，而在事業上更易受到挫折。特別是有些客廳，沒有窗戶可採光，更需要加強燈光，要不然

206

時間一久，無法開展事業運，貴人運也就不興旺，而離成功遙遙無期。

二、櫃子擺設雜亂、人際關係就差

客廳除了採光的重點，另一個主要因素，就是擺設的物品不能夠太過雜亂，以免妨礙動線，或是有高大的櫃子，阻擋了門口或窗戶的氣流、光線，不然同樣也會有不良影響。若是物品雜亂的話，動線就不太協調，人走路就不方便，還容易跌倒受傷，就風水學來看，這樣會使人際失調，溝通上出現障礙，其他人不會想接近，工作無法順利進行，運勢自然不能開展。另外高大的櫃子，若擺設在門口、窗戶，使採光減少、氣流動變差，同樣也會降低運勢，使好機會擋在門外，貴人不能夠即時幫忙，事業是不可能有所突破的。

三、客廳格局缺角、做人處世不圓融

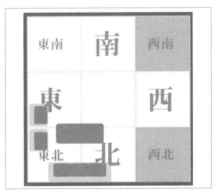

有些客廳的格局，並不是正方形的，有時候還會缺角，就風水角度而言，這樣的客廳不理想，會產生許多問題。因為不方正的關係，

表示人際關係不協調，做事情不夠圓融，會引發口角衝突，影響事業開展，也缺乏貴人幫助。再者，缺角的位置，若是西北方、西南方，表示男女主人的運勢較差，健康情況也不好，所以必須改善，盡量把客廳格局調整，形成方正的空間，這樣才會扭轉劣運。

四、家具形狀歪斜，容易招惹小人

客廳的家具，是讓人使用的，若是擺設歪斜不正，隨便亂擺設裝潢，不按照規矩放置，那麼就容易遭遇小人。再者，家具擺設代表主人心思，家具擺設不正或形狀怪異，就代表主人心思不正，精神舉止會越來越怪異，通常容易有精神病、妄想症等等。所以若有這樣的現象，要盡快調整位置，或使用適合的家具，才可以恢復運勢，替自己帶來貴人。

五、地板凹凸不平，運勢坎坷

客廳若裝潢地板，原本是為了美觀，所以無可厚非。但若是高低不平，或是顯得很怪異，這也算是不方正，將會影響家運，特別是男

女主人，感情會有疏遠、爭吵的情況。特別是山坡地的房子，地基不是很穩固，有移動下陷的現象，客廳磁磚就會產生凹凸的情況，這對於運勢來說，會有不利的影響，事業會受到阻礙，沒辦法一帆風順，人際互動也較差，彼此會溝通不良。

六、天花板過高或過低，人際關係不佳

客廳天花板太低的話，當居住久了以後，人們會變得焦躁，覺得生活很不安，想法將會被壓抑，有苦卻說不出來，常覺得被人欺負，受到很多的委屈，對工作沒有信心，不敢把握機會，就算有機會表現，態度也顯得自卑，無法盡全力衝刺，個性變得畏畏縮縮。過於挑高的天花板，會讓人覺得自大，不能夠自我節制，容易胡亂花費，以顯示自己氣派，但卻守不住金錢，再者，氣場很容易流失，健康情況不理想，體力會逐漸衰退。因此如果不是生意場所，或是辦公廳的用途，就不需要特別挑高，盡量適中就好，運勢才能夠穩定，而不會辛苦勞累，賺了錢卻守不住。

七、客廳空間要適中，運勢才不會起伏

客廳如果過於狹小，也是有不良影響，個性將有所轉變，會變得以自我為中心，跟人家溝通的時候，不容易輕易妥協，長久下來，想法會更加封閉，而沒有辦法進步，人跟人之間的感情就會冷淡。因此客廳若太狹窄，人際關係通常就不理想，若景觀視野又不遼闊，情況就顯得更嚴重。客廳如果格局太過寬闊，但是居住人口卻少，那就會顯得很空盪，沒有什麼安全感，反而覺得很恐懼，待起來很不舒服。

而且就風水學的角度而言，這麼開闊的空間，根本無法藏風聚氣，運勢只會不停流失，人際關係一直變動，錢財也不容易守住，應該要設法改善，增加額外的擺設，否則會有不利的影響，對事業、財運沒有幫助。

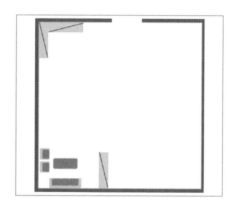

我的學習筆記

居家風水幫助 升遷加薪的擺設

　　事業想要升遷加薪的話，除了客廳、廚房的影響外，最重要的就是辦公桌擺設。如果辦公桌擺設不當的話，工作效率就會大受影響，若得不到讚賞與肯定，升官加薪自然沒希望，還可能因此出狀況、背黑鍋，遭到指責與批評，影響到人際關係的和諧，前途就光明不起來。因此辦公桌的擺設，必須要特別注意，以下提供幾個要點，做為擺設的原則，讓你有機會升官加薪、出人頭地。

一、書房要設置在旺方

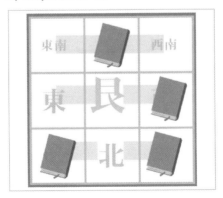

　　家中的書房，或是工作間，一定要設置在旺方，這樣才能夠吸納

旺氣，讓事業的運勢能提升，達到升官加薪的目的。因為旺的方位，將可使身體健康、頭腦清晰，有精神處理事情，承擔工作壓力，進而得到主管、老闆的欣賞，而有機會擔任要職，就算開口要求加薪，也較不容易被拒絕。若是設置在煞方，結果就完全相反，不但健康亮紅燈，精神體力會衰退，還容易犯官非、惹小人，不但不會升官加薪，還可能被降職減薪，嚴重的話，還可能因此被開除，失去經濟的來源。而旺方是依天運來算，以目前是八艮運來看，東北方、西北方、南方、西方屬於旺氣，西南方、東南方、東方、北方屬於煞氣。

二、書房光線要充足

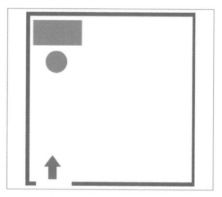

客廳象徵著事業，而最重要的部分，就是要光線充足，讓人感覺到生氣，越是光亮運勢就越好，否則，越是陰暗的客廳，運勢就會走下坡，將招惹官非小人與疾病纏身。而書房也是同樣道理，若是沒有窗戶，導致光線不足，那麼就會產生不良影響，事業運將因此下滑。這時候補救方式，就是在旺氣的方位開窗，或是加強燈光，而且最好是白色光源，能讓人頭腦清晰，才不會昏睡。如此一來，就可以讓事

業運起死回生。最好還能配合個人八字，在喜用神的方位擺設書桌、辦公桌，那就更加理想。

三、避免門沖、路沖的影響

書房跟工作間，最好不要有門沖、路沖，否則運勢將起起浮浮、動盪不安，並且不容易掌握情況，往往會判斷錯誤、事倍功半，達不到預期效果，甚至於白忙一場。而且門沖、路沖會影響健康，造成身心不平衡，像是對著廁所、廚房等等，長期吸收到穢氣、油煙，運勢怎麼可能會好呢？再者，事業上講究競爭，若是書桌、辦公桌背對氣口，如同在行軍作戰，卻看不見敵人從哪裡來，是非常危險的，經常會遭遇小人，在背後說壞話、扯後腿，毀謗自己的名聲，對升官加薪將有負面影響。

四、調整電器用品的擺設

書房裡電器用品不要多，才不會發生干擾，影響專心的程度，但大多數現在人，都需要電腦、音響，或是相關的電器用品，才能夠順利工作。這時候電器用品的擺設，就顯得格外重要，不可以馬馬虎虎，否則不但不能加分，還可能因此扣分，影響到升遷加薪，那可就太冤枉了。電器用品的位置，最好是設置在旺方，避免在煞方。而書桌上電腦、電話的位置，可以參考椅子的坐向來做調整。坐西北方的人，電腦、電話要放置在桌面上的北方；坐北方的人，就放置在西北方；坐東南方的人，電腦、電話要放置在桌面上的南方；坐南方的人，就放置在東南方；坐西南方的人，電腦、電話要放置在桌面上的

西方；坐西方的人，就放置在西南方；坐東北方的人，電腦、電話要放置在桌面上的東方，坐東方的人，就放置在東北方。

五、裝潢與顏色要配合

有些書房比較小，而且天花板比較低，若是放置大書桌、大櫃子，又採用暗沉的色系，就會讓人產生壓力，覺得非常的緊張，而且動線不流暢，心情顯得較緊繃，讀書或辦公時雖然比較專心，但精神壓力過大，往往沒辦法放鬆，而引發疾病。反之，若是書房較大、有挑高，卻使用小書桌、小櫃子，又是較活潑的色系，那麼讓人感覺很空曠，不容易靜下心來，會被外界吸引，讀書或辦公的效果就會被打折扣。因此是怎樣的空間，做適當的裝潢與色系，是非常重要的。不需要為了配合個人八字，而硬是要採取不協調的色系，那反而得不到效果。

六、放置盆栽和開運物

讀書或工作時，會感覺到疲倦，這是正常的反應，這時候若想放鬆，轉換不好的心情，就可以使用盆栽。但盆栽最好是綠色植物，葉子盡量要寬大，不要是尖細狀，這樣會比較理想，有助於人際關係協調、溝通順利，另外對讀書、辦公也有助益，因為植物代表生命力，可以激發創意、點子。另外想升官加薪時，不妨放置開運物，在個人八字喜用的方位，就可以產生影響，像是生肖玩偶、水晶寶石、聚寶盆、招財雕刻、圖畫文字等等，這些都是不錯的方法。

我的學習筆記

Day 23

風水桃花源，
打造幸福愛情

　　人並不是生下來就註定孤單、寂寞，找不到心靈契合的伴侶，而是許多後天環境的因素，才讓感情路不順利，婚姻生活不美滿，特別是居家的風水，具有絕對的影響力，所以不是不能改變，只要知道問題癥結，著手進行改變，化解不良磁場，當環境磁場正常，甚至於補強能量，運勢不但能順利，還可以增加人緣、吸引桃花，自然就不會再徬徨無助、無語問蒼天，整天顯得憂鬱憔悴、黯然神傷。現在就趕快來尋找你的風水桃花源，立即打造你的幸福愛情。

1、居住環境若不良、桃花凋零人緣差

　　對一般人來說，風水理論也許深奧了點，不是那麼的好懂，但是居住環境的舒適與否，是可以馬上檢視，就能夠知道答案，並沒有想像中那麼複雜。以下就提供五個風水重點，讓大家來進行檢視。

一、光線不足、陰陽失調

　　大家在買房子的時候，最基本的考量條件，一定是採光、通風俱佳，與內部動線良好的房子。若是這些都沒有達到標準，那麼就用不

216

著再考慮，這房屋一定不是很理想，是屬於較差的風水。而其中跟感情有密切關係的，就是採光好不好、充不充足。因為在風水學裡，講求的是陰陽調和，如同男女關係一樣，男性為陽、女性為陰，對應於風水學的話，就是光線為陽、陰影為陰。舉例說，一個空間或房間，若長期照不到陽光，就不能吸收陽氣，反而充滿了陰氣，若是有人居住在這樣的環境，那麼久而久之，就會變得陰沉、不開朗，人際關係的互動減少，關係變得冷漠，對於感情來說，接觸的機會變少，當然就找不到伴侶，還容易招惹到不好的桃花，替自己帶來麻煩。因此住宅採光充不充足，是檢視的第一個重點。

二、住宅太高、挑三撿四

現在人都喜歡獨立，有經濟能力時，總喜歡搬出去住，過自己的生活，不愛被人家打擾，剛開始的時候，由於還算年輕，事業企圖心強，可以埋首於工作，忽略男女的感情，但隨著時間的流逝，忽然就快到適婚年齡，特別是35歲左右的男女，一切外在的條件都具備，就是找不到理想的另一半，甚至於從來沒有談過戀愛，也不知道該怎麼

選擇。除了這些因素外，最重要的原因之一，就是住宅住的太高，不然就是太低。例如，住家在十樓、二十樓以上的大廈，若附近都是十樓以下的公寓，就好像自己在人群裡，顯得特別突出搶眼，有著高人一等的傲氣。這樣的風水環境，對於感情來說，會變得眼光高，愛挑三撿四，動不動就會批評，並容易排斥他人，交不到知心朋友，就算有戀愛機會，也無法維持太久。反之，若是住宅太過矮小，周遭都是高樓大廈，就好像四面楚歌，被人家圍起來，容易喪失自信心，而無法開口表白，若有交往對象，也容易被人搶走，很難再加以挽回。因此住宅高度的適當否與，是檢視的第二個重點。

三、住宅缺角、拋棄連連

風水學上的住宅，最好是形狀方正，不要有地方缺角，否則就會有損害，對應於易經八卦來說，巽卦位置是東南方，代表文昌、人緣、桃花，特別是女性的話，影響更加明顯，若這個方位缺角，或風水出問題，感情運勢就會很糟糕。舉例說，若是住宅東南方缺角，個性上會變得消極沉悶，不喜歡主動參加活動，交際手腕較差，打不開

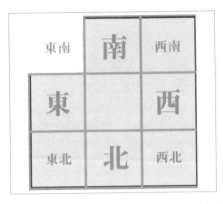

知名度，所以吸引不到異姓，有時候自己條件不算差，但就是沒有人欣賞，前來打探消息，以致於錯失良緣。反之，若是東南方環境雜亂，或是光線太強，表示思緒不穩定，容易胡思亂想，且脾氣直來直往，不允許半點隱瞞，對於感情的想法，合則來、不合則去，缺乏婉轉的溝通技巧，所以感情不順遂，與另一半會爭執、吵鬧，最後被對方厭惡而拋棄。因此住宅有無缺角，以及東南方的環境，是檢視的第三個重點。

四、氣流混亂、糾紛難斷

風水學上的「風」，其實就是指氣流，而氣流的方向與穩定程度，就決定住宅的運氣好壞，當然也包括感情問題，若是氣流方向正確，而且情況也很穩定，那麼感情就不容易出問題，反之，氣流方向不正確，情況也非常混亂，感情不但會出問題，也不那麼好解決，甚至會影響到其他方面，所以不得不小心注意。現在的都市建築，往往缺乏統一規劃，住宅附近的建築，高矮和大小不一，當空氣流動時，就顯得很不順暢，像是兩棟大樓之間，常會形成一道縫隙，風力就特別

強，若住家剛好面對這種氣流，不但健康會受到損害，事業也保不住，感情會被他人破壞，或是有第三者介入，而造成不倫之戀。原因是因為氣流混亂，磁場陰陽失調，不能夠穩定和諧，不是過於陽剛，就是過於陰柔，這樣對感情來說，判斷上會出差錯，會遇到不好的對象。因此氣流是否穩定，是檢視的第四個重點。

五、開門電梯、感情劈腿

男女之間的問題，有時候很難評論，因為很難去衡量，到底是誰付出的多、誰付出的少。特別是對方感情劈腿，另外金屋藏嬌或是紅

220

杏出牆時，心裡的滋味，那更加得不好受，若非當事人本身的話，外人通常很難體會。但在風水學上，這些問題的癥結點，其實是有跡可尋的。在易經八卦當中，西南方與東南方的位置，是代表女性的卦位，因此大樓或公寓裡，電梯剛好是這個位置，那麼就容易感情劈腿，尤其是女性朋友，另一半通常用情不專，經常出外去獵豔。因為電梯經常會移動，而且人進進出出，形成擾亂的磁場，磁場若不太穩定，就會有不良影響，特別是人際關係，就有緊張的情況。有伴侶的人容易劈腿，沒伴侶的人挑錯對象，若電梯剛好面對自己住宅的大門，影響程度就更加嚴重。因此電梯所在的位置，是檢視的第五個重點。

2、風水改造好、桃花走進門

　　風水若出現問題，必須盡快改善，特別是年輕男女，各方面都還在發展，若是因為環境不良，影響了自己的將來，那可真是得不償失，尤其是感情問題，更是許多人的煩惱，又不好意思啟齒，往往錯失了姻緣，留下心中的遺憾。不過不用擔心，現在就提供六個方法，透過環境的改變，讓好桃花走進門。

一、開窗戶來引陽光

　　風水學講究陰陽調和，因此在住宅的考量上，很重視通風與光線的問題。若是通風不佳、光線不足，那麼也就有陰陽失調的問題，磁場容易產生混亂，對各方面來說，都有不好的影響。對男女感情而言，住家或臥房的光線，若長期照不到陽光，那麼就會累積陰氣，不

但會生病、心情不開朗，人際關係也會變差，如此一來的話，感情交往自然就不會順利。這時候如果要化解，就必須加強光線，而最直接的辦法，就是在適當的位置，加裝窗戶來引陽光。所謂適當的位置，就是住宅的東北方、西北方或北方，因為這三個位置，在易經八卦裡，是屬於陽氣的卦象，若在這裡開窗戶，將可以化解陰氣，而且效果較顯著。但並不是三個位置，都一定要同時開窗戶，這樣反而失去效果，因為風水也講求中庸之道，若是招引太多的陽氣，桃花也將跟著多，多就會形成浮濫，恐怕會造成麻煩，增加無謂的困擾。

二、使梳妝台變明亮

臥房是休息的地方，通常會比較昏暗，光線沒那麼強烈，但若是太過昏暗，甚至房間沒有窗戶，照不到任何陽光，那麼這樣的臥房，就不適合人居住，因為缺少了陽氣，既然得不到陽氣，感情也不會順利。尤其是梳妝台的位置，其實關係著感情運勢，一般人很容易忽略。因為每個人早上起來，會在梳妝台前裝扮，好讓自己看起來體面，然後才會出門上課或工作，所以這短暫停留的時間，就顯得非常

重要。若是能在這段時間內，照一下陽光或充足的光線，就可以讓人體吸收陽氣，提升自己良好的磁場。所以臥室的梳妝台，最好是臨近窗戶，陽光能夠照進來，或是位在燈光下，這樣會比較理想。特別是適婚年齡的男女，比較會有想要談戀愛的念頭與心情，在無形中自然就會吸引異姓，而有好的對象出現。

三、鮮花增加異性緣

鮮花是戀愛追求中，不可或缺的禮物，通常是愛慕的象徵，可以

增加良好氣氛，進而打動對方的心。在風水開運術方面，若想要招引桃花，鮮花可是必備的物品，但是擺放的位置，必須特別注意，以免引起反效果，招來麻煩的爛桃花。而鮮花擺放的位置，是在客廳或臥房，尤其是在臥房裡，效果會比較顯著。若是女性朋友想招引桃花，增加自己的異性緣，就要將鮮花插瓶，瓶子最好要有水，放在西北方、東北方、北方、東方四個位置，因為在易經八卦中，這些方位代表陽性的卦，可以招來條件好的男性，反之，若是男性朋友想招引桃花，就必須在西南方、東南方、西方、南方擺放鮮花，這些方位代表陰性的卦，鮮花能增進良好磁場，能夠有機會遇到心儀的女性。但要注意的是，鮮花不可以用快枯萎的花，或是假的塑膠花，否則效果會大打折扣，假的花草象徵假情假意，是吸引不到真心的伴侶。

四、音樂營造好磁場

　　風水開運術的鮮花，有些人不太喜歡，因為嫌種花麻煩，怕鮮花會枯萎，或是對花會過敏，而沒有辦法運用。不過沒有關係，因為還有其他的方式，可以用來替代招桃花，那就是利用音樂播放，來改變環境的磁場。使用音樂的話，就是將音響擺放在適當的位置，然後直接播放音樂，音樂最好柔和、輕快，盡量避免吵鬧的電子音樂，或不太悅耳的音樂。每天按時播放音樂後，這樣子將營造氣氛，單身的男女朋友，會產生談戀愛的念頭，並進一步主動去追求，而且心情會比較愉快，能夠增進人際關係。若是女性朋友，就要將音響放置在西北方、東北方、北方、東方，這些代表男性的卦位，將可以吸引到理想對象。若是男性的話，音響就要放置在西南方、東南方、南方、西方，自然會打開心防，願意主動去追求告白，成功的機率就大增。

五、住對桃花的位置

　　在風水學裡的方位，都各有不同的代表，像是西北方代表父親，西南方代表母親，東南方代表長女，東方代表長男，北方代表次男，南方代表次女，西方代表么女、東北方代表么男。也就是說，西北

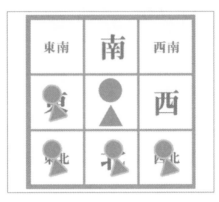

方、東方、東北方、北方是屬於陽性的卦位，代表陽氣與男性，而西南方、西方、東南方、南方是屬於陰性的卦位，代表陰氣與女性。就風水學的原理來講，必須注重陰陽調和，才能夠產生好磁場。假設一個女性，若臥房缺乏陽光，光線又不足，且臥房剛好在陰性卦位，那麼就會累積陰氣，久而久之，就不利於感情或事業，甚至還會影響健康。這時若臥房無法開窗或是加強燈光，就要趕快調整臥房的位置，搬到有開窗戶，或光線較強的房間，房間最好位於陽性卦位，就能補

充一下陽氣，增強自己的異性緣，相信很快就可以找到伴侶，而且對方的條件很理想。而男性就要住陰性卦位，且有開窗戶的房間，就能達到陰陽調和的目的，感情自然就能無往不利。

六、裝設理想的燈光

有些住宅雖然有窗戶，但很可能因為外在的建築物，擋住了陽光的照射，使住宅顯得較昏暗，沒有辦法獲得陽光，引進的陽氣就不多。這時候如果要化解，就必須加強燈光，不能夠節儉、吝嗇，裝設簡陋的照明，以免影響到運勢。房間昏暗無光，又沒有開窗戶，確實比較不理想，如果能夠換房間，那就盡可能換房間，若是不能夠換的話，就必須加強燈光，不但能補充光線，還可以增加人緣，若是女性的話，臥房的西北方、東北方、北方、東方，可以放置燈光，將有助改善人際、催化桃花，而男性的話，加強燈光的位置，就是臥房的西南方、東南方、南方、西方。

我的學習筆記

Day 24

居家風水感情開運

　　擺設植物能改變心情，讓人覺得充滿生命力，特別是各類的花卉，不但能營造氣氛，而且還可以增加感情運勢，只要擺設正確的位置，就有意想不到的效果，不過要注意的是，一定要用真花，不可以擺設假花、塑膠花，否則會有負面效果。因為活的植物，代表旺盛生命力，充滿無線生機，而假花卻了無生氣、死氣沉沉的，根本沒辦法改變磁場，所以盡量使用真花，不要為了怕麻煩，而使用假花假草。

1、花卉招桃花

　　男女有緣千里來相會，有情人終成眷屬，無緣相逢不相識，連擦出愛情火花的機會都沒有。所以新的一年裡，想要增加感情運勢，找到契合的另一半，或是已經有伴侶，想更進一步發展的話，就可以利用居家風水，來幫你打造好人緣，讓你吸引到好桃花，而能夠比翼雙飛，不再是人間孤島。以下提供不同生肖的花卉擺設位置，以及能招桃花的植物。

一、鼠、龍、猴

　　桃花位置在正西邊，可以在此擺設花瓶，或是開運的盆栽，將可以增進人緣，吸引良好的桃花。

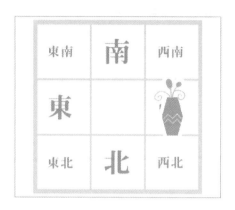

二、牛、蛇、雞

桃花位置在正南邊，可以在此擺設花瓶，或是開運的盆栽，將可以增進人緣，吸引良好的桃花。

三、虎、馬、狗

桃花位置在正東邊，可以在此擺設花瓶，或是開運的盆栽，將可以增進人緣，吸引良好的桃花。

四、兔、羊、豬

桃花位置在正北邊，可以在此擺設花瓶，或是開運的盆栽，將可以增進人緣，吸引良好的桃花。

五、招桃花的植物

1.玫瑰花：象徵熱情、戀愛，能送給情人，能吸引異姓，最好是
用紅色、粉紅色。

2.繡球花：象徵姻緣到來，幸福美滿。

3.蝴蝶蘭：象徵幸福美滿、早生貴子。

4.香水百合：象徵人際和諧、天真純情，能吸引知心伴侶。

5.火鶴：能增加本身熱情，勇敢追尋真愛。

6.桃花：能增加人緣，吸引異性青睞。

2、臥室招桃花擺設

臥室是人休息的地方，也跟感情的運勢有關，因為不良的臥室，很容易充滿陰氣，而缺乏陽氣補充，所以無論男女都容易個性孤僻，人際關係不好，找不到談得來的伴侶，而且臥室的擺設，也具有一定的影響力，所以必須要謹慎小心，若是想要招桃花，也可以由此著手，將可以事半功倍，早日獲得好姻緣。以下提供幾個方法，讓你能紅鸞星動。

一、擺設成雙裝飾

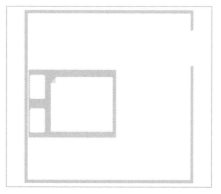

單身貴族的朋友，若想要早點有伴，脫離孤單和寂寞，可以擺設成雙成對裝飾，放在自己的臥房，就可以產生作用。像是鴛鴦戲水

圖，或是花卉圖，吊在臥室的牆壁。或是一男一女的布偶，放置在床頭邊。而床墊、被單、枕頭套，都要用活潑、柔和的顏色，像是紅色、粉紅色、亮黃色等等，不要死氣沉沉的顏色，如黑色、藍色、咖啡色，而且最好睡雙人床，枕頭要成雙成對，不能只放置一個。

二、睡床的擺設位置

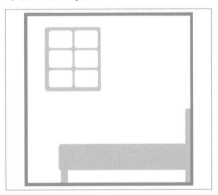

　　睡床的擺設位置，就是臥室最重要的地方，關係著個人運勢的好壞，如果擺設錯誤的話，幾乎已成定局，其他的再怎麼補救，也很難加以改變。如果想要招桃花的話，睡床就要特別注意。第一，睡床的床頭要靠牆，否則姻緣將落空，沒辦法長長久久，再者，盡量不要靠牆壁，否則將失去平衡感，而且陰氣將聚集，影響健康與精神，感情就不會順利。第二，睡床不要面對落地窗，除了光線太強，會睡不安穩外，精神不能夠集中，若是凶煞方的話，姻緣也容易溜走，而沒辦法留住。睡床不能夠接近廁所，或是對著廁所的門，否則將招來晦氣，人際關係受影響，自然找不到伴侶，且身體健康會變差。第三，睡床上方不要有樑柱，有樑柱會形成壓樑，那麼健康精神會變差，覺

得壓力非常大，無心談戀愛，很害怕會遭遇失敗、挫折，而失去追求的機會，最好是將睡床移走，不然就是將樑柱裝潢起來，不要直接看見比較好。

三、臥室窗簾的顏色

顏色對人會有影響，特別是情緒方面，有著相當的刺激，如果臥室顏色不和諧，那麼心情就會暴躁、煩悶，對人際關係不利，溝通會出現困難，感情也就不順遂，因此不妨注意一下，選擇適合的顏色，說不定能產生效果，吸引良好的桃花。以下提供不同生肖適合的窗簾顏色。

(一)鼠、龍、猴

窗簾最好用白色、米色，可以紓解壓力，放鬆心情，吸引到好桃花，而盡量避免用紅色、黃色。

(二)牛、蛇、雞

窗簾最好用金色、黃色，亮色系的顏色，可以營造氣氛，改善人緣，吸引到好桃花，而盡量避免用紅色。

(三)虎、馬、狗

窗簾最好用綠色、粉紅色，可以舒緩心情，增進人緣，吸引到好桃花，而盡量避免用黑色。

(四)兔、羊、豬

窗簾最好用粉黃色、粉紅色、淡藍色，可以舒緩心情，增進人緣，吸引到好桃花，而盡量避免用金色、黃色。

我的學習筆記

居家風水夫妻感情和睦的方法（一）

　　夫妻感情要和睦，最重要的關鍵點，其實就是主臥房風水好壞，若是主臥房格局偏差、擺設不當，那麼夫妻就容易口角，甚至會有婚外情，嚴重時則會離婚，或是家暴等問題，所以不得不注意。其實就風水學而言，採光跟通風兩項重點，就足以斷定主臥房的好壞。以下就提供幾點來讓你檢視主臥房的風水，以及要如何改善，能讓夫妻感情和睦、百年好合。

一、主臥房避免門沖

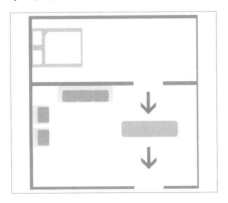

門就是氣口所在，會有空氣在流通，所以若主臥房門外，剛好有客廳大門、廚房門、廁所門、雜物間門的話，就會產生不良的影響。因為氣場會被擾亂，像是廁所的穢氣，除了會影響到健康，還會造成元氣衰退，什麼事都提不起勁，運勢當然不順遂。廚房的火氣，讓人心情煩躁、很容易發脾氣，夫妻經常口角、吵鬧，哪還有時間羅曼蒂克，做些恩愛的事情。所以最好是盡量避免，若無法改變的話，就要加裝屏風、矮櫃、門簾來化解，就可以緩和沖的現象。

二、主臥房門口不能堆放雜物

主臥房的門口，除了不能有門沖，也不能堆放雜物，或是高大的櫃子，才不會擋住氣口，影響氣流的通風。特別是房門若無法正常開關，或是被堵住的話，將會影響到感情、婚姻。對未婚男女來說，姻緣會姍姍來遲，就算有好的機會，也容易說不出口，或是有阻礙因素，造成彼此的分離。而已婚的男女，感情將日漸下滑，較缺乏恩愛親密，互動將大受影響，夫妻會出現隔閡。再者，若是主臥房裡有鏡子對著房門，將會反彈所有氣場，也不容易走好運，甚至會造成煞氣，影響主人的健康。

三、主臥房燈光色調要柔和

主臥房的色調，盡量選擇活潑的色系，特別是想要結婚的男女，或是新婚的夫妻，這樣子才能增加恩愛，親密舉動會變多，若是選擇暗沉的色系，將會產生負面作用，熱情將逐漸消退，精神、體力也變差，出現冷漠的情況。再者，燈光的部分，不需要太明亮，而且以柔

和的燈光為主，才可以製造氣氛，讓夫妻感情和睦，若是燈光出現損壞，就要趕快更新、修補，否則將出現煞氣，會有不良的影響。

四、主臥房床頭不能落空

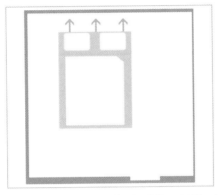

主臥房床頭的位置，其實是相當重要的，因為床頭落空，沒有貼靠牆壁，或床頭後面是窗戶、落地窗，或是不牢靠的屏風，將會有不利的影響。對未婚的男女而言，象徵追求無望、感情落空，就算有機會在一起，也無法長長久久，特別是正在熱戀中，情況更加明顯。再者，很多主臥房裡，會設置獨立衛浴，若衛浴的門口，剛好對到床頭的位置，也會產生不良影響，除了健康會受損，人際關係也會變糟糕，因為穢氣使人黯淡無光、無精打采，沒辦法開展運勢。

五、主臥房動線要流暢

主臥房睡床盡量遠離門口、窗口，才不會有沖的現象，影響安定的磁場。再者，房間的梳妝檯、衣櫃的擺設，也必須符合風水原則，梳妝檯要靠牆壁、放置角落，不能設置在中央，或是擋在門口旁邊，

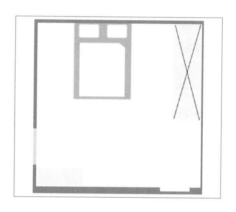

還有梳妝檯最好有燈光，才能夠增加氣氛，不會顯得黯淡無光。而衣櫃要依房間大小選擇，房間較小，就不要用大的衣櫃，才不會阻礙氣場流動，床頭也不能跟衣櫃太近，否則對人形成壓迫感，心情將大受影響，人際關係就緊張，反之，房間較大，就要用大一點的衣櫃，才不會顯得冷冷清清，沒有溫暖的感覺。

六、主臥房要慎選裝飾

主臥房裡的裝飾，也具有相當程度的影響，因為裝飾具有潛移默化的效果。像是擺放山水畫、花卉畫，或是送子圖的話，就能增加感情和睦，夫妻能更加恩愛。但若是擺設裸女圖、性感女性的玩偶、假塑膠花等等，若過多的話，容易引起偏桃花、不正的爛桃花，引發男主人或女主人婚外情，造成夫妻失和、家庭破裂。如果有宗教字畫，像是佛、聖像，或是毒蛇猛獸的圖畫、雕塑，也不適合放在主臥房，會破壞夫妻感情，產生冷漠、蕭瑟的磁場，或出現暴躁、煩悶的情況，夫妻容易漸行漸遠，不然就是有家暴的問題。

我的學習筆記

居家風水夫妻
感情和睦的方法（二）

　　夫妻感情要和睦，最重要的關鍵點，除了主臥室之外，像是廚房、客廳、大門，或是住宅外局等等，其實都有一定的影響，所以平常就必須注意，才可以避免夫妻感情失和，而產生離婚或婚外情。以下就提供幾點來讓你檢視住宅的風水，看你是否有這些情況，如果有的話，就要進快改善，以維持夫妻和睦、家庭和諧。

一、主臥房面積過小

　　主臥房是男女主人，除了睡覺、休息外，也是夫妻恩愛的場所，若是主臥房面積過小，佔住宅的比例太小，就會產生失衡現象，間接影響到夫妻的感情親密，彼此會有隔閡產生。若是客廳較大的話，代表夫妻重視事業，卻忽視其他方面，感情就會比較不親密，但主臥房面積過大，也不見得就非常好，空間雖然比較大，但容易有空蕩蕩的情況，聚氣也會比較慢一點，對累積財富較不利，同樣間接影響夫妻感情。

二、主臥房有房中房

所謂的房中房，就是房間裡再出現房間，有著獨立的房門，像是大房間包著小房間，這樣就叫做房中房。如果有這種現象的話，那麼夫妻之間，就容易有婚外情，而且通常會私下包養，不讓另一半知道。對於未婚的人來講，這也容易招來許多爛桃花，影響感情與婚姻進行，甚至嚴重時，替自己惹上桃花劫，所以必須要盡快改善，應該把房中房的小房間，牆壁或房門直接打掉，跟大房間有著共用的房門、空間，情況就可以改善了。

三、睡床的位置不當

一般習慣，把睡床或書桌靠窗戶放置，光線會比較充足，空氣會比較流通，但是在風水學裡，這樣是不妥當的做法，首先，強烈的光線照射、氣流流動，會影響睡眠品質，而且窗戶容易聽到噪音吵嘈，也會干擾睡眠的安穩，而且床頭若靠窗戶的話，依靠不是很穩固，會帶來不好的影響，特別是感情、婚姻方面，所以還是調整位置，能夠改善不良影響。

四、床頭沒堅固靠山

有些人不喜歡床頭靠牆，以致於床頭沒有依靠，就好像後方懸空一樣，空氣會在頭部上方造成迴流，影響到睡眠品質與健康，容易有偏頭痛的情況，神經會緊張、衰弱，得躁鬱症的機會增多，對感情或婚姻，也比較有不良的影響，單身者，會找不到對象，遲遲沒有著落，有紅鸞星不動的現象，而已婚者，夫妻感情會日漸淡薄，而造成爭執、吵鬧，甚至有外遇離婚的可能。

我的學習筆記

Day 25

居家風水廚房與衛浴布置

廚房對於人的生活，有著重大的影響，俗話說：「民以食為天」。台灣話：「吃飯皇帝大」。顯示出食、衣、住、行中，排行第一「食」的重要性。在傳統風水裡，廚房代表家中的財運，以及女主人的運勢，若是廚房格局不妥，像是有穿心煞的現象（客廳與廚房相通），或是爐火跟水槽相沖，形成水火不濟的情況，那麼家中的財運就不理想，不容易保住錢財，還會慢慢的流失，家中的女主人，情緒會很暴躁，人際關係變差，地位將大受影響。再者，廚房跟全家人的健康有關，若是格局或擺設出了問題，就會引發種種疾病，甚至要開刀住院，所以不得不注意。

1、廚房的注意事項

廚房跟錢財、健康有關，所以要安排在好的方位，擺設格局也要正確，否則將影響家中運勢，特別是女主人方面。以下提供幾個注意事項，做為安置廚房的參考。

一、廚房不可與客廳相通

客廳是用來招待客人，而廚房是做飯的地點，若是客廳跟廚房相通，有可能犯了穿心煞，會容易流失錢財，賺錢非常的辛苦。再者，

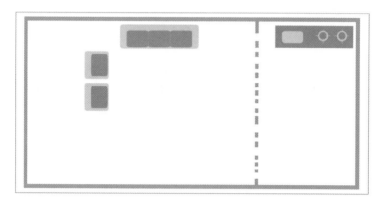

廚房會有油煙味，讓人覺得不舒服，若是在客廳聞到，將會讓客人反感，留下不好的印象，而且長期聞油煙，健康一定出問題，家人也會受影響。對於事業方面，客廳代表積極的，廚房則是舒適的，代表著口腹之慾，因此由客廳直接看見廚房，或是廚房設置在門口處，表示這家人缺乏鬥志，沒有企圖心求上進，事業將會走下坡，而且會有肥胖的毛病，健康要特別注意。

二、廚房最忌諱髒亂不堪

廚房既然是烹飪的地方，是要煮東西給人吃的，就一定要乾淨、整齊，這樣才能保持清潔。否則食物受污染，或引來蚊、蟲、老鼠，將容易吃壞肚子，引發腸胃炎等疾病，不但影響了健康，還會因此而破財。再者，廚房代表女主人的運勢，若是這裡太髒亂，表示女主人較懶散，心思不夠細膩，容易判斷錯誤，導致事情出差錯，特別是錢財方面，會有被欺騙的可能，反之，若乾淨、整齊的話，表示女主人運勢好，頭腦清晰，持家有道。

三、廚房不能對廁所

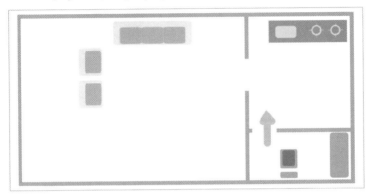

　　現在一般的住宅，廚房與廁所的位置，因為空間有限的關係，經常會被設置在一起，很容易彼此相連，或是在相對的位置，在風水學理論中，這樣是很差的格局，經常會出現問題。因為廚房象徵健康，廁所則聚集穢氣，穢氣若流向廚房，廚房將受到影響，家人健康就不妙，容易引發腸胃病，還會影響女主人的運勢，所以要盡量避免，若是不能夠移開，廁所要加裝門簾阻擋，或是門要經常緊閉，讓廁所燈光亮著，就能夠降低穢氣的影響。

四、廚房的門不能沖臥室的門

　　廚房的門與臥室的門，如果相對的話，就表示氣場相沖，那麼就有壞影響，特別是主臥室的門，因為廚房的氣屬火，很容易引發脾氣，夫妻將容易吵架，造成感情失和，影響家中的氣氛，女主人顯得很辛苦，卻沒什麼收穫，還會被丈夫嫌棄。在投資理財方面，由於情緒化，以致於心思不定、缺乏主見，緊要關頭時判斷錯誤，容易有虧損出現，還可能因此負債。

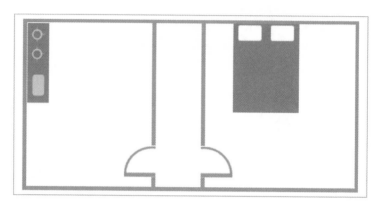

五、廚房的爐火與水槽要分開

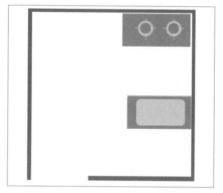

　　廚房裡的爐火，就是瓦斯爐的地方，盡量避免跟水槽相連，或是一直線對沖的位置。因為水跟火五行相剋，容易引發衝突與爭端，會讓家中財運衰退，賺不到什麼錢，賺進來也守不住。而且身心不平衡，情緒會變得緊張，長期影響的結果，健康當然會受損害，精神的壓力太大，容易引發疲勞、倦怠，注意力不集中，筋骨酸痛等毛病。

2、衛浴的注意事項

廁所是穢氣聚集的地方，以前傳統的建築，都是設置在住宅外面，但是現在建築的觀念，由於寸土寸金，加上人口密集，廁所都是設置在住宅內，而且不一定能通風，所以穢氣的影響，往往非常直接，因此必須要注意，才可以加以預防。以下提供幾個概念，做為衛浴設置的參考。

一、衛浴不能在住宅中心點

衛浴的位置在哪裡都可以，影響都還不大，最糟糕的就是在中心點，是風水學裡屬於大凶的格局。因為住宅的中心點，就是住宅的天心，是所有氣的聚集點，也是磁場最強的位置，若在這裡設置衛浴，氣場將會整個混亂，沒有辦法產生平衡，住宅其他位置的風水再好，也沒辦法發揮作用，因為中心點已被穢氣、陰氣佔據。住宅裡的人，除了健康、運勢不佳之外，價值觀、倫理觀會大受影響，容易行為不正，做事偷雞摸狗，對人的好惡落差很大，但往往容易看錯人，被人欺騙而上當，造成錢財及信譽的損失。

二、衛浴不能與客廳相沖

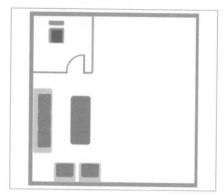

客廳是重要的場合，也是風水的重點之一，若是與廁所相連，或是對著廁所門，形成相沖的情況，那麼不用說就知道，家中運勢必定每況愈下，因為受到穢氣直接侵襲，不但住宅氣場衰敗，人的元氣也跟著損害，健康會亮起紅燈，接著就是事業下滑、人際關係衝突，甚至於意外災害，都容易接二連三發生。

三、廁所不能夠沖臥房

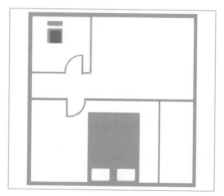

一般來說，廁所的門若沖臥房的門，雖然會有壞影響，像是健康

不佳、情緒低落等等，但大多可以改善，只要廁所門不開，或是加裝門簾，就可以減低影響。但若是主臥室裡，有一間廁所的話，那麼問題就比較嚴重，因為廁所的穢氣，會直接影響人體，不但健康會受影響，事業、財運、感情都連帶不理想，因為人在休息的時候，算是在補充元氣、恢復能量磁場，但若是吸收廁所穢氣，加上門沖睡床的話，整個人不但不能休息，反而會更加勞累，精神也不能恢復，每況愈下的結果，家運就容易衰弱。

四、廁所不能沖大門

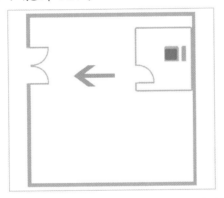

　　一進住宅的大門，或是客廳的走道，正對著廁所的話，就形成風水的煞氣，叫做「開門破財」的凶格。無論再怎麼努力，事業就是會失敗，沒有貴人來提拔，反而遭小人陷害，一直會破財消災，欠下大筆的債務，並且夫妻感情不佳，外出人際關係失和。這時候就必須將大門移方位，或是將廁所移方位，不然就是進門後，加裝一道屏風，或是用櫃子來阻擋，才能夠減低煞氣，化解不良的磁場。

五、廁所不能沖神明廳

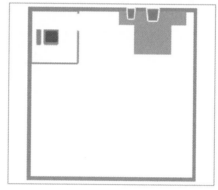

　　神明廳是供奉神明，以及祭祀祖先的地方，若是與廁所相連，或對著廁所的門，受到穢氣的影響，神明將容易退神，沒有辦法待得住，反而容易招引鬼怪入侵，讓家中不得安寧，引發一連串災厄，再者，廁所本來就有陰氣，會讓家人健康受損，特別是精神疾病，而不太容易治癒。

我的學習筆記

Day 26

居家風水尋找家中財位

　　新春期間、除舊佈新，在新的一年裡，除了能事業順利、健康平安之外，大家最關心、最重視的，莫過於來年的財運，俗話說：「錢不是萬能，但沒錢萬萬不能。」生活在現代文明中，各種物質享受，都需要花費不少，而且景氣不太理想，想賺錢很不容易，若是能夠增加財運，擁有額外收入，那麼很多願望也許就能實現，也不會整天愁眉苦臉。那麼要如何增加財運呢？其實透過風水開運術，運用一些小技巧，就可以輕鬆的達成，新春期間不妨試試，將有意想不到的效果。以下就提供生肖財位方，以及增加財運的方法。

1、生肖財位方及加強方法

　　求財人人愛，但是得先要辛勞付出，才能夠有所收穫。可是有些時候，偏偏天不從人願，就算再怎麼努力，財富好像跟自己無緣，總是一手進、一手出，沒有辦法守住，不然就是遭遇意外，只得自認倒楣、花錢消災，而別人卻輕鬆賺錢、安穩落袋，其實這就是運氣的差別，運氣若差的話，就算再多的錢也會花光光，最後一毛都不剩。因此要想賺錢並存錢，就必須加強財運，而加強財運，就要知道家中的財位在哪裡，不然就無從下手。

251

一、鼠、龍、猴

　　以上生肖的財位方，是在北方、西方、西北方，這些地方必須乾淨、整齊，不可以雜亂無章，否則財神爺將不眷顧。在財位方可以擺設植物盆栽（綠色）、紫水晶洞、聚寶盆、魚缸、山水圖畫等裝飾品，或是利用音響放柔和的音樂，都可以穩定磁場，而有增加財運的效果。

二、牛、蛇、雞

　　以上生肖的財位方，是在北方、東方、西南方，這些地方必須乾

淨、整齊，不可以雜亂無章，否則財神爺將不眷顧。在財位方可以擺設植物盆栽（綠色）、紫水晶洞、聚寶盆、魚缸、山水圖畫等裝飾品，或是利用音響放柔和的音樂，都可以穩定磁場，而有增加財運的效果。

三、虎、馬、狗

以上生肖的財位方，是在東方、南方、東南方，這些地方必須乾淨、整齊，不可以雜亂無章，否則財神爺將不眷顧。在財位方可以擺設植物盆栽（綠色）、紫水晶洞、聚寶盆、魚缸、山水圖畫等裝飾品，或是利用音響放柔和的音樂，都可以穩定磁場，而有增加財運的效果。

四、兔、羊、豬

以上生肖的財位方，是在北方、東方，這些地方必須乾淨、整齊，不可以雜亂無章，否則財神爺將不眷顧。在財位方可以擺設植物盆栽（綠色）、紫水晶洞、聚寶盆、魚缸、山水圖畫等裝飾品，或是利用音響放柔和的音樂，都可以穩定磁場，而有增加財運的效果。

五、聚寶盆的做法

　　風水聚寶盆的做法，其實相當簡單，不妨自己動手DIY。首先去買一個瓷盆，開口要寬一點，然後將錢幣放入108枚，一元、五元、十元、五十元都沒關係。再來放入五種顏色的石頭或水晶，顆數不限，接著放入五種顏色的豆類，綠、黃、紅、白、黑，顆數不限，這樣子就完成了。使用的方式是，出門前先拿走一些零錢，表示財氣、人氣都在流動，會獲得貴人幫助，若零錢快拿光了，就趕快再放進一些補滿。

六、招財植物介紹

1. 桂花：表示貴人相助，可以獲得富貴，對考試也有幫助，將可以順利錄取。

2. 芙蓉：象徵榮華富貴，夫妻恩愛。

3. 百合：取百年好合的意思，夫妻能夠恩愛，人際關係順利，有利進財。

4. 牡丹：有富貴無邊的意思，感情也能順利。

5. 桃花：人緣好、名聲好，可以吸引異性。

6. 蓮花：連生貴子、財運連連、年年如意等意思。

7. 四季柑：表示大吉大利，來年財富可以結實纍纍，享受豐收的成果。

8. 石榴：花果紅色亮麗，表示吉祥如意，又有多子多孫多福氣的意思。

9. 鳳梨：表示好運旺旺來，是吉祥如意的象徵。

10. 七里香：名聲傳千里，而受人讚賞。

11. 松柏：身體健康，象徵長壽。

12. 玉蘭：散發淡淡清香，能夠吸引人緣，增加本身好運。

13. 葫蘆：平安順利、子孫綿延，象徵財運接連不斷。

14. 龍眼：貴人相助、升官發財。

15. 黃金竹：喜氣洋洋、節節高升，事業能夠順利升遷、財源滾滾而來。

16. 萬年青：充滿生機活力，表示精力旺盛，財運不會匱乏。

17.文竹：步步高升、有利文昌。

七、招財圖畫介紹

1.龍鳳呈祥圖：表示人際關係協調、夫妻感情和睦，能同心協力賺取錢財。

2.山水圖、瀑布圖：適合掛東方、東南方，表示文思泉湧、財源不缺。

3.百鳥圖、孔雀開屏圖：適合掛在南方，表示升官發財、加官進祿，名聲能夠遠播，地位能夠提升。

4.百子圖、百福圖：能夠求子嗣、招來福氣，人緣旺盛，還可以避邪。

5.牡丹花圖：象徵富貴尊榮、男女感情和睦。

6.年年有魚：表示能夠豐收、財源不匱乏，但魚必須生動，不可以呆版。

7.老鷹圖、駿馬圖：表示業務能鴻圖大展、一馬當先，可以開闢財源。

8.佛像、福祿壽：保佑人丁平安、遠離災厄，但最好掛在玄關與客廳，避免掛在臥房。

八、招財裝飾介紹

1.麒麟：能夠防小人、制陰煞，確保家人平安、獲升官位、早得貴子的效果。

2.蟾蜍咬錢：做生意招攬客源，能夠幫忙賺到錢，白天頭朝外、晚上頭朝內。

3.公雞：能夠增加陽氣，化解陰煞，象徵一鳴驚人、財運亨通。

4.鹿：鹿就是祿，表示能夠進祿，獲得錢財，而且鹿角有崢嶸的意思，表示能得到地位，受到他人敬重。

5.馬：表示遷移，適合業務、旅行，向遠方求財，擺設在公司時，馬頭要朝外，表示開疆闢土，業績扶搖直上；擺設在家裡時，馬頭就要朝內，把錢財帶進門來，而不會向外飛奔。

6.獅：能夠擋住煞氣、制小人，也可以招攬客人，引進財源。

7.水車：水必須乾淨，而且要能流動，象徵財源滾滾、細水長流。

8.蕭：最好是木頭做的蕭，表示竹報平安，也有步步高升的意思。

9.風鈴：被風吹動的時候，能發出響亮清脆的聲音，可以化解煞氣、防小人、擋破財，最好是懸掛在玄關、走廊、樓梯。

10.水晶：可以改變不良磁場，能夠緩和心情，而獲得靈感。

我的學習筆記

居家風水如何增加財運

　　居家風水的影響，除了最基本的健康之外，像是讀書考試、事業工作、財運投資、感情婚姻等等，其實都是相關的。而且可以直接發揮作用，幫助你增加好運，甚至於心想事成，但是若是不好的風水，或是錯誤的擺設，那麼恐怕就會事與願違，額外造成許多煩惱，除了情緒煩躁、不得安寧，嚴重時甚至會犯官非口舌，或是發生意外災害，因此必須特別謹慎。在此提供幾個增加財運的方法，讓你在大環境不景氣中，能夠有長紅的表現，解決沒錢生活的苦惱。

1、客廳

　　客廳是住宅最重要的地方，除了對外的人際關係，同時也包含事業工作，以及財運投資，尤其是對家中男主人的運勢，會有一定程度的影響。因此客廳風水若好，擺設正確，人際關係就會活絡，事業就會開展，財源自然就會廣進，反之，錯誤的擺設，不當的格局，將造成人際關係下滑、招惹是非，事業困頓、一籌莫展，錢財守不住，投資負債累累。而增加財運的方法，在客廳方面，有以下幾個重點。

一、客廳光線

　　客廳光線的明亮強弱，直接代表整個家宅運勢，若是自然採光

夠，燈光設備也充足，長期下來，引進不少陽氣，表示家運能夠穩定，維持一定的興旺。而且對於事業上來說，有機會遇到貴人，而有不錯的際遇，若是做生意的話，客戶會自動上門，生意很容易談成，自然有利可圖，而上班族的話，表現能獲肯定，上司願意提拔或加薪，當然就能鴻圖大展。而燈光最好是白光，若是要催發財運的話，可以在客廳西北方、東北方、南方、西方的位置，將燈源放置於此，就可以在短時間內加強財運。

二、客廳通風

　　除了燈光之外，生命三要素，陽光、空氣、水，其中空氣就是指氣流，也就是風水中的「風」，是指住宅有沒有通風。若是住宅密不通風，那麼不是極度潮濕，就是非常悶熱，不適合人長期居住，健康容易出問題，甚至於吃藥開刀。而客廳若是不通風，也是同樣的情況，財源就不會進來。當然客廳通風也要適當，不可以四面牆壁都有門窗或孔道，否則變成財來財去，勢必留不住錢財。最好的通風情況，是

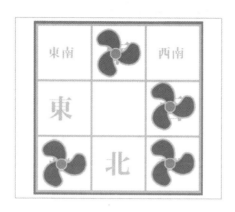

空氣能夠對流，讓人感覺到舒適，至少有一面牆壁是結實的，沒有任何的門窗孔道。而若覺得對流不足，建議加裝抽風機，或是電風扇，讓客廳產生對流，而抽風機、電風扇的位置，可以放在客廳西北方、東北方、南方、西方的位置，將風扇放置於此，就可以在短時間內加強財運。

三、客廳魚缸

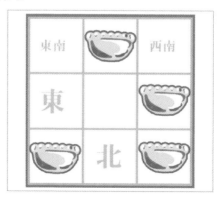

風水中除了風之外，另一個就是水了，它也是生命的三要素之

一。以前鄉下人家的庭院，在住宅附近通常會設置水池、池塘，或是用來造景的大水缸。表示除了能直接取水使用，另一個最直接的作用，就是希望人際關係和睦、感情融洽，順便能夠招財進寶，使得家中財運興盛。但後來都市興起，建築改觀，現在的公寓已經不同了，除非是社區或大樓的公共設施，才有可能見到噴水池或魚池。不過就現在的公寓而言，反而可以用小型的流水造景，或是魚缸來代替，不然就是靜態水盆，也能有穩定情緒、增進人際關係，以及招引財富的效果。但是要注意的是，這些擺設要配合客廳比例，通常不能夠太大，因為水能招來吉祥，也容易引發煞氣，像是桃花糾紛，或是財務糾紛。若是要催發財運的話，可以在客廳西北方、東北方、南方、西方的位置，將魚缸放置於此，就可以在短時間內加強財運。

 我的學習筆記

Day 27

居家風水找尋文昌位

　　書房是讀書的地方，跟考運有直接關係，尤其像年輕學子們，必須要重視文昌位，若在好的文昌位讀書，將可以專心研讀、事半功倍，將所學的都吸收，而能夠融會貫通，成績自然會較理想，反之，不良的文昌位，心靜不下來，無法專注，老師教過的東西也記不清楚，考試成績當然不理想。但文昌位分為三種，並不是單一固定的，可以依照實際情況來做調整與選擇。

壹、各類的文昌位

一、住宅文昌位

1.座北向南的住宅：文昌位在「東北方」，書房若設置在此，對考
　試比較有利。

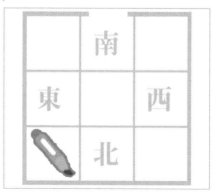

2.座東向西的住宅：文昌位在「西北方」，書房若設置在此，對考
　試比較有利。

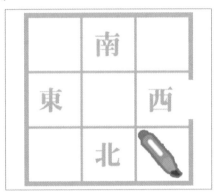

3.座東南向西北的住宅：文昌位在「中宮」（住宅中心點），書房
　若設置在此，對考試比較有利。

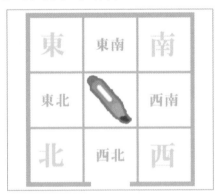

4.座南向北的住宅：文昌位在「南方」，書房若設置在此，對考試
　比較有利。

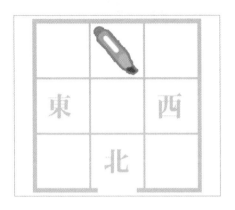

5.座西南向東北的住宅：文昌位在「西方」，書房若設置在此，對
考試比較有利。

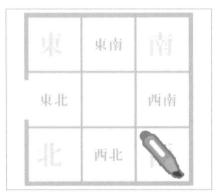

6.座西向東的住宅：文昌位在「西南方」，書房若設置在此，對考
試比較有利。

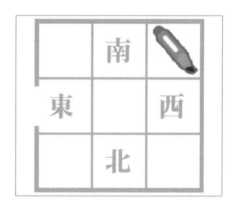

7.座西北向東南的住宅：文昌位在「東方」，書房若設置在此，對
考試比較有利。

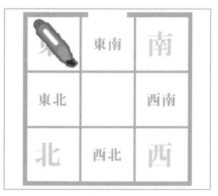

8.座東北向西南的住宅：文昌位在「北方」，書房若設置在此，對
考試比較有利。

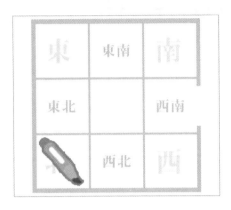

二、九命人文昌位

1、一坎命人

男性民國34、43、52、61、70、79

女性民國39、48、57、66、75、84、93

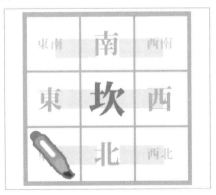

　　本命文昌位在「東北方」，其他像北方、東方、南方、東南方，在這些方位設置書房，或是擺放書桌的話，對考試比較有幫助，能夠發揮實力，獲得好成績，而且對事業升遷也有幫助，可得到貴人提拔。

2、二坤命人

男性民國33、42、51、60、69、78

女性民國40、49、58、67、76、85、94

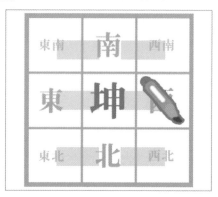

本命文昌位在「西方」，其他像西南方、西北方、東北方，在這些方位設置書房，或是擺放書桌的話，對考試比較有幫助，能夠發揮實力，獲得好的成績，而且對事業升遷也有幫助，可以得到貴人提拔。

3、三震命人

男性民國41、50、59、68、77、86、95

女性民國41、50、59、68、77、86、95

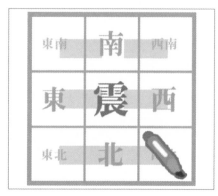

本命文昌位在「西北方」，其他像東方、南方、北方、東南方，在這些方位設置書房，或是擺放書桌的話，對考試比較有幫助，能夠發揮實力，獲得好的成績，而且對事業升遷也有幫助，可以得到貴人提拔。

4、四巽命人

男性民國40、49、58、67、76、85、94

女性民國42、51、60、69、78、87

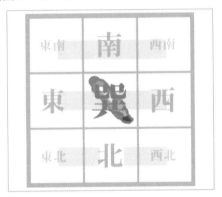

本命文昌位在中宮（住宅中心點），其他像東方、南方、北方、東南方，在這些方位設置書房，或是擺放書桌的話，對考試比較有幫助，能夠發揮實力，獲得好的成績，而且對事業升遷也有幫助，可以得到貴人提拔。

5、五中宮命人

男性民國39、48、57、66、75、84

女性民國42、51、60、69、78、87

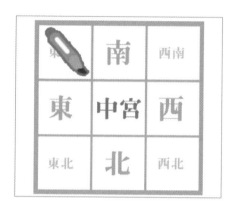

本命文昌位在「東南方」，其他像中宮（住宅中心點）、西南方、西北方、東北方，在這些方位設置書房，或是擺放書桌的話，對考試比較有幫助，能夠發揮實力，獲得好的成績，而且對事業升遷也有幫助，可以得到貴人提拔。

6、六乾命人

男性民國38、47、56、65、74、83、92

女性民國43、52、61、70、79、88

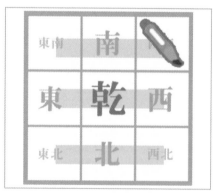

本命文昌位在「西南方」，其他像西方、西北方、東北方，在這些

方位設置書房，或是擺放書桌的話，對考試比較有幫助，能夠發揮實力，獲得好的成績，而且對事業升遷也有幫助，可以得到貴人提拔。

7、七兌命人

男性民國37、46、55、64、73、82、91
女性民國45、54、63、72、81、90

本命文昌位在「西南方」，其他像西方、西北方、東北方，在這些方位設置書房，或是擺放書桌的話，對考試比較有幫助，能夠發揮實力，獲得好的成績，而且對事業升遷也有幫助，可以得到貴人提拔。

8、八艮命人

男性民國36、45、54、63、72、81
女性民國37、46、55、64、73、82、91

本命文昌位在「北方」，其他像西方、西南方、西北方、東北方，在這些方位設置書房，或是擺放書桌的話，對考試比較有幫助，能夠發揮實力，獲得好的成績，而且對事業升遷也有幫助，可以得到貴人提拔。

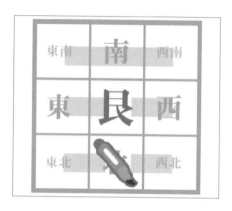

9、九離命人

男性民國35、44、53、62、71、80
女性民國38、47、56、65、74、83、92

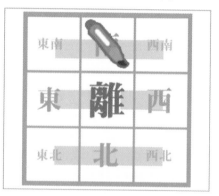

　　本命文昌位在「南方」，其他像北方、東南方，在這些方位設置書房，或是擺放書桌的話，對考試比較有幫助，能夠發揮實力，獲得好的成績，而且對事業升遷也有幫助，可以得到貴人提拔。

三、流年文昌位

流年文昌位是不固定的，位置隨著每一年而變動。

1、民國九十五年

流年文昌位在「西北方」，在這個位置唸書，或將書桌調整朝這個方向，就可以發揮效果，考試能順利、成績較高分、有機會錄取。

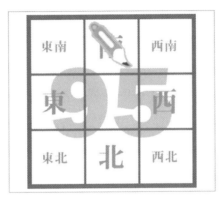

2、民國九十六年

流年文昌位在「西方」，在這個位置唸書，或將書桌調整朝這個方向，就可以發揮效果，考試能順利、成績較高分、有機會錄取。

3、民國九十七年

流年文昌位在「東北方」，在這個位置唸書，或將書桌調整朝這個方向，就可以發揮效果，考試能順利、成績較高分、有機會錄取。

4、民國九十八年

流年文昌位在「南方」，在這個位置唸書，或將書桌調整朝這個方向，就可以發揮效果，考試能順利、成績較高分、有機會錄取。

5、民國九十九年

流年文昌位在「北方」，在這個位置唸書，或將書桌調整朝這個方向，就可以發揮效果，考試能順利、成績較高分、有機會錄取。

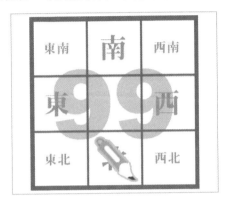

6、民國一百年

流年文昌位在「西南方」，在這個位置唸書，或將書桌調整朝這個方向，就可以發揮效果，考試能順利、成績較高分、有機會錄取。

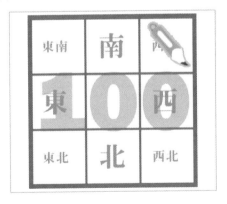

7、民國一百零一年

　　流年文昌位在「東方」，在這個位置唸書，或將書桌調整朝這個方向，就可以發揮效果，考試能順利、成績較高分、有機會錄取。

8、民國一百零二年

　　流年文昌位在「東南方」，在這個位置唸書，或將書桌調整朝這個方向，就可以發揮效果，考試能順利、成績較高分、有機會錄取。

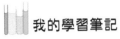我的學習筆記

Day 28
居家風水書房布置

　　書房是用來閱讀書報的，要讓人能靜下心來，才可以發揮出效果，對於小孩子來說，攸關升學考試、成績好壞，以及才藝的學習，好的書房能讓小孩專心閱讀、發揮潛力，爭取到優異的表現。而對於男主人、女主人來說，文書象徵著事業、地位，如果書房位置好、布置又好，那麼事業就容易升遷，地位也容易維持，因此書房雖然不是住宅的重點，可是也不能夠疏忽，才不會帶來壞的影響，特別是對小孩的學習方面，具有決定性的影響力量。

一、書桌不能對門沖、路沖

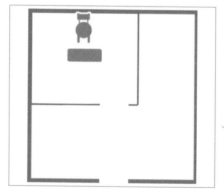

　　書房裡的設置，最重要的當然是書桌的位置，書桌如果擺放的

好，自然會產生好的效果，如果書桌擺放的差，那麼就會有負面影響。通常書桌的忌諱，是設置在門沖、路沖的動線，也就是書桌背著書房門，或是走道、樓梯等等，這樣都是不好的格局。因為是沖的關係，表示氣流很強，容易讓人不專心，沒辦法安靜閱讀，會想要離開書房，看書也看不下去，成績當然不理想。若是男、女主人的話，書桌代表文昌位，若有路沖的影響，那麼事業就不順遂，升遷會因此受阻，或有好機會出現，卻被人捷足先登、失去良機。所以書桌盡量要避沖，才不會受到煞氣影響。

二、書桌後方要有靠山

書桌既然是書房的重要位置，那麼就必須注意，書桌背後是否有靠山，前方是否開闊。若是背後是窗戶、落地窗、門口，或者是空的，那麼就比較不理想，缺乏安定的因素，不容易定下心，而且貴人運較差，得不到額外幫忙，運勢自然無法開展。而書桌的前方，若是有書櫃或雜物阻擋，造成氣流不順暢，也是會產生不良的磁場，讓人心神不寧、意志消沉，精神壓力會很大，對考試、辦公都不理想，最

好是趕快移走，才能夠有所改善。

三、書房要整齊明亮

書房既然是用來閱讀的，就必須光線充足，若是光線黯淡的話，不但會傷害眼睛，也會造成精神倦怠，不容易長時間閱讀，反而會有不利的影響，特別是對事業前途，有運勢不開的感覺，沒有辦法施展抱負。對於小孩來說，書房如果雜亂，心情就會受干擾，很想要出去遊玩，不希望待在書房，書自然看不下，成績當然會退步，考試也容易馬失前蹄，或是臨時抱佛腳的情況。對男、女主人來說，書房若雜亂，工作將一波三折，瑣碎的事情太多，沒有辦法一一處理，心情會變得很煩悶，影響到人際關係的和諧。

四、書房不能對廚房

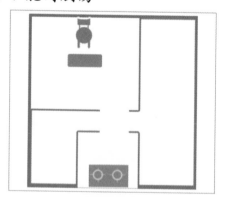

書房不能鄰近廚房，或是跟廚房門相沖，否則會脾氣暴躁，缺乏耐性，一點點小事發生，心情就產生起伏，沒有辦法安靜、專心，書既然看不下去，成績也就好不到哪裡，而且人際關係會變差，跟同

學、老師在溝通上，將出現誤會或隔閡，失去外來的助力。而對男、女主人來說，工作會變得投機，想要草草結束，卻往往事與願違，被其他人批評，造成負面影響，自己像無頭蒼蠅，無法貫徹始終，當然不能夠升遷。再者，理財觀念會產生矛盾，現實與理想難以兼顧，會有入不敷出的情況。

五、書房不能對廁所

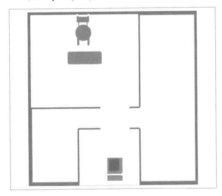

廁所會產生穢氣，文昌位最怕穢氣，讓人無法開智慧，讀再多書也沒用，完全背不起來，考試也容易緊張，經常忘東忘西，成績當然不會好，而只能名落孫山，與考試上榜無緣。對男、女主人來說，事業運勢將低落，遭到小人的妨礙，卻沒辦法反擊，損失不少利益。再者，書房有穢氣的話，健康就不太理想，動不動就生病，必須花費金錢，更不用提專心讀書了。

我的學習筆記

居家風水增加考運的方式

　　每個家長都很關心子女、照顧子女，特別是子女的教育，無不用盡心思，千方百計，希望有朝一日子女能金榜題名、出人頭地。因此子女的成績好壞，不但是父母的期望，也是個人將來的前途，所以如果有方法，能讓讀書效果好，考試成績高，相信就會有許多人願意去做。其實在風水裡，讀書運、考試運的高低，除了跟個人資質有關外，周遭環境也有相當的影響，若是好的環境，將可以穩定心情，使自己增加信心，成績將大幅進步，若是差的環境，就可能影響情緒，變得缺乏耐性，成績每況愈下。以下提供幾個要點，讓你增加考運。

一、書房設置在旺方

就風水的角度而言，書房設置在旺方，就好像贏在起跑點上，比別人多了一些機會，能激發資質潛力，讀書會比較認真，身邊貴人也較多，成績將穩定進步。反之，書房設置在煞方，如同手腳被綁住一樣，將發揮不出本領，且有外力干擾，影響讀書效率，成績自然不理想。而民國93年以後，旺方是在東北方、西北方、西方、南方，而煞方是在西南方、東南方、東方、北方。因此如果想增加考運，就必須將書房設置在旺方，而遠離煞方，或是在這些旺方的位置讀書，而避免到煞方的位置讀書，就可以得到較好的效果。

二、調整書桌的位置

書桌位置的設置、座向，一般是依個人八字，取出適合的五行方位，如果八字喜木、火，那麼木屬東方、東南方，火是南方，就應該將書桌設置在這些方位，而避免其他的方位，就可增加讀書或考運的效果。另外，書桌的位置要避免路沖、門沖，盡量不要背對氣口，像是背對著大門，或是前方有走道，才能夠穩定情緒，而能夠安靜、專心，讀書比較有效果，考試就不會緊張，而可以金榜題名。

三、書房光線要充足

書房是用來閱讀的，因此要重視光線，若是燈光不足、房間昏暗，不但人的精神比較差，也容易傷害到眼睛，很容易就勞累疲倦，讀書的領悟力不佳，考試成績就比較差。因此若是房間昏暗，就要加強燈光，最好是用白色燈光，使人精神抖擻，不容易昏睡，讀書的領悟力強，考試成績就會好。燈光也不宜過強，或設置在書桌正上方，

這樣反而不好，會影響孩子專心，造成心理壓力而出現不良影響。

四、書房要遠離煞氣

書房要遠離廚房、廁所、衛浴等等，因為這些地方會產生煞氣、穢氣，使人頭腦不清醒、健康會受到影響，對於讀書考試來說，當然就沒有幫助，反而會有負面影響。所以如果書房對著煞氣，就要想辦法化解或避開，若是沒辦法處理，建議乾脆到圖書館看書，自然就能避免煞氣影響。而書房也要保持寬敞，不要堆放過多雜物，不然也算是一種煞氣，而書桌也應盡量整齊，不要亂七八糟的，才不會造成刺激，而無法專心看書。

五、使用開運的物品

讀書或考試前，不妨使用開運的物品，所謂開運的物品，範圍其實很廣泛，像是適合自己的衣服、食物、擺設、飾品等等，都可以直接穿著、使用，將可以帶來良好效果。至於是什麼顏色、樣式的衣服，或是食物、擺設、裝飾等等，可以利用個人八字，或是生肖年次來查詢，或請教專業老師，就可以知道答案了。

六、藉宗教增加自信

考試前，若有宗教信仰，不妨前往去拜拜，或是虔誠的祈禱，來安撫本身情緒，消除心中的壓力，將可以發揮作用，讓考試得心應手。像是點個文昌燈、光明燈，或是祭改補運、求平安符等等，也不失為增加考運的方法。

我的學習筆記

Day 29

居家風水改善失眠的困擾

人生最大的財富，除了金錢和財物，就是健康最重要了，若是健康不理想，再多的財富也無福消受，因此有了健康之後，財富才能夠發揮作用。而住宅的風水不佳，很容易影響健康，特別是睡眠方面，會睡不安穩，神經衰弱，精神狀況越來越糟，甚至於形成憂鬱症。所以以下提供幾個要點，讓大家做為參考，迅速改善環境，營造好的居家風水，從此擺脫失眠煩惱，以及健康的威脅。

一、臥房密不通風

臥房是人休息的地方，當然直接影響到睡眠，而且跟健康也有關係，若是睡眠的品質不佳，身體就不會好，也會經常失眠。若是臥室密不通風，除了臥房門之外，又沒有其他的窗戶，那麼空氣的流通就會很糟，氧氣顯得不足，二氧化碳偏多，人就容易呈現昏沉、疲倦，而且不容易熟睡，常常會半夢半醒，睡醒後還是覺得勞累，精神不集中。所以最好是加設窗戶，讓空氣流通，否則就是換房間，不然很難改善。

二、臥房光線失調

臥房既然是休息的地方，光線就不能太強，不適合用強光照明，

287

而適合用柔和的燈光。若是光線太強，恐怕很難入睡，睡眠也容易中斷，或是陽光太強烈，讓人很早就醒來，就應該加裝窗簾，就能夠改善情況。但有些房間光線太弱，又沒有陽光照射，這時候顯得陰暗，也比較容易潮濕，給人冰冷的感覺，若一直睡在這樣的房間，將會影響到健康，免疫力變得較差，也會有失眠的現象，此時反而要加強燈光，讓房間感覺溫暖，會比較好入睡，也不太容易生病。

三、睡床要有靠山

臥室最重要的就是睡床，若睡床擺放的位置不佳，就容易睡不安穩，引起失眠的情況，進而影響到健康，及其他方面的運勢。所以睡床的位置，必須要慎重考慮。若是床頭沒有緊貼牆壁，形成床頭落空的情況，就像是失去靠山，而顯得不太牢固，會讓人有失眠、緊張的情況，另外人際關係會變差，影響到姻緣的到來。但床後方不可以是窗戶、落地窗，或是不牢固的櫃子，這樣還是會有負面效果，並不能改善情況。

四、睡床要避樑柱

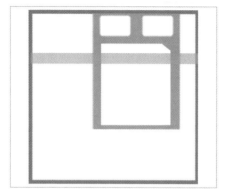

睡床的上方若是有樑柱，也容易讓人失眠，因為壓樑的關係，讓人覺得身心壓力大，好像有東西壓迫，無形中睡不安穩，神經很容易緊張，就算睡著了，也容易做夢，隔天醒來昏昏沉沉，精力不能恢復，影響到讀書或工作效率。另外也容易有生病、開刀等現象，所以若有壓樑的情況，就要趕快將床位移走。若是無法移動床位，就要將樑柱裝潢，弄成圓形或水波形，將直角的煞氣減弱。若還是不能裝潢，不妨更換房間，才不會遭受影響。

五、睡床不能路沖

所謂的睡床路沖，就是睡床正對門口，或是落地窗的位置，這樣一來，除了人進進出出，噪音影響睡眠外，最重要的是氣流的影響，因為氣流太強的話，將影響睡眠情況，人也容易感冒生病，若又是煞氣、衰氣的話，那麼運勢將一落千丈，甚至有意外、開刀，或精神病的可能。若是房間空間小，很難移開睡床，也應該加裝門簾、窗簾，或是遮掩的矮櫃、屏風，來化解沖煞的影響。

六、睡床遠離衛浴

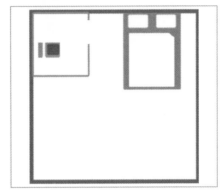

　　有些臥房是套房，那麼就會有衛浴，而衛浴因為是排放廢物處，所以會產生穢氣，穢氣會影響健康，讓人的運勢下降。所以如果睡床對著衛浴門口，就容易讓人昏沉、失眠，而無法放鬆熟睡，精神與體力恢復不了，隔天的工作效率就差。若是衛浴不在臥室內，而是在臥室外面，但衛浴門口剛好對著臥房內的睡床，也是會有這樣的情況。改善的方式，是將睡床移開，不然就加裝門簾，或是屏風來阻擋，最重要的是衛浴保持乾淨、通風，不要有異味產生，情況就可以減緩。

七、臥室擺設不當

　　臥室是休息的地方，不應該有太多物品，否則將顯得雜亂，產生不良的影響，睡眠品質當然就差。像是電器用品，如電視、音響、冰箱、電磁爐、熱水器等等，如果沒有必要，就應搬離臥房，才不會讓電磁波干擾到人的睡眠。再者，臥室也不能設置魚缸，因為魚缸的水氣，人體長期吸收，恐怕會讓人生病，睡眠也無法安穩，還容易有爛桃花，影響感情的和諧。其他像是字畫、古董、玩偶等等，也應該少

放在臥房，盡量保持臥房清爽，睡眠品質才會提升。

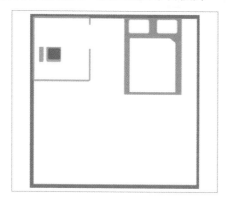

八、臥房不能對廚房

臥房除了不能對衛浴，廚房也應該避免相對，否則廚房的油煙，將影響人體健康，而廚房氣場屬火，火氣會讓人變得暴躁，情緒易起伏，睡眠當然不安穩，人際關係也較差。再者，廚房是象徵女主人的風水，臥房若對著廚房，對女主人較不利，也會影響到財運。因此廚房要有排除油煙的設備，保持空氣流通，而臥房也盡量不要打開，且加裝門簾，或擺綠色植物，減少火氣的影響，睡眠與健康就能改善。

九、臥房不能對神明廳

臥房是個人隱私的場所，有些事情較不雅，不能夠公開展現，特別是已婚男女，夫妻往往有些恩愛、親密的動作，若臥房門口剛好是對著神明廳，或是供奉的祖先牌位，就會有褻瀆神明，產生不敬的意味，當然就不是很好，容易被靈體干擾，睡眠品質就會比較差。所以最好加裝門簾或屏風，或是更改臥房門，就可以改善這種現象。

我的學習筆記

居家風水影響健康的風水煞

　　風水學很重視納旺氣、避煞氣，若是住宅有太多煞氣，那麼住在裡面的人，運勢自然會比較低落，而且往往會生病，影響到身心健康，還不太容易痊癒，若是犯了嚴重的風水煞，還可能因此受傷，產生血光之災、無妄之災，甚至性命不保，所以平常就要注意，家中的人是否經常生病，或常有意外發生，說不定就是風水煞的影響，必須盡快改善。

一、天斬煞

　　住家對面有兩棟建築物，而建築物之間的縫隙，剛好對著自家住

宅，當有風吹經過時，就會形成刀風，往住宅砍過來，這就叫做「天斬煞」。有這種情況的話，住家裡面的人，經常不得安寧，運勢將會衰退，常常生病吃藥，健康每況愈下，還容易有血光之災。

二、天角煞

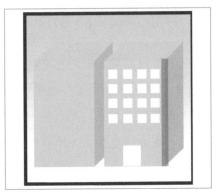

別棟建築的牆角、屋角，或尖銳的物體，朝著自家住宅而來，就好像被東西刺到一樣，這就叫做「天角煞」。若是對方的建築物高大，或尖銳物體相當明顯，那麼煞氣也就越重。通常會造成血光之災，健康受損，跟左右鄰居的人際關係也會非常糟糕，常吵鬧爭執，弄得不得安寧。

三、探頭煞

住宅正對面的建築，有高聳的水塔，或是後方有更高的建築，像個人探頭出來一樣，這就叫做「探頭煞」。有探頭煞的話，住宅會不得安寧，常有小偷光顧，錢財會守不住，而且小孩容易學壞，不好管教。

四、反光煞

　　住宅附近的建築物，裝有反光玻璃，或有強烈光源，常照射到住家裡面，光線一閃一閃的，這就叫做「反光煞」。有反光煞的話，會讓人心神不寧、情緒起伏，經常發脾氣吵鬧，人際關係會失和，而且會衝動行事，造成意外傷害，常常得破財消災。

Day 30

五、穿心煞

從住家往外望出去，有電線桿、大樹，或是聳立的建築物，而且距離相當近，像是要倒過來一樣，這就叫做「穿心煞」。有穿心煞的話，住家裡的人，會有口舌是非，事業常犯小人，被人家拖累，出門在外容易發生危險，而帶有血光之災。再者，健康也不太理想，經常會全身酸痛，但卻找不出病因，飽受身心折磨。

六、槍煞

　　住家在巷子裡，門口剛好對著巷口，很像是路沖的情況，但由於是死巷子，所以會產生煞氣，對住宅造成影響，這就叫做「槍煞」。有槍煞的話，住家運勢將衰退，沒辦法繼續開展，處處遭受到打壓，沒有貴人提拔，家人的健康變差，動不動就生病，需要吃藥看醫生，花費不少錢財。

七、鐮刀煞

　　住家前面有橋樑或馬路，但卻不是直線的，而是彎曲的形狀，住家剛好在彎的那邊，好像一把鐮刀割過來，這就叫做「鐮刀煞」。有鐮刀煞的話，家人經常會受傷，有血光意外，家中也不安寧，什麼事都不順，欠缺貴人相助，只能坐困愁城。

八、擎拳煞

　　住家前面的建築，剛好有一塊突出，又剛好正對而來，就像是人的拳頭，快要打過來一樣，讓人覺得有壓迫感，這就叫做「擎拳煞」。因為擎拳煞的關係，家中成員會失和，經常吵鬧不休，容易發生口

角，特別是跟人打架，而導致血光之災，還可能惹上官非，耗費金錢與精力。

九、孤陰煞

住宅附近有醫院、廟宇、墳場等地方，很容易聚集陰氣，侵犯到住家裡，產生負面影響，這就叫做「孤陰煞」。有孤陰煞的話，睡眠會不得安寧，容易失眠做噩夢，人際關係會變差，親朋好友較疏遠，而且健康走下坡，還容易得到疾病，需要開刀治療。

我的學習筆記

居家風水庭園景觀
對健康的影響

現代公寓式的房子，除了公共空間外，家裡很少會有庭園，不然就是刻意打造設計，使陽台變成庭園景觀。否則，只有在鄉下地方，或是透天別墅，才可能擁有庭園景觀。在擁擠的都市中，綠意盎然的庭園，能讓人身心放鬆，達到休憩的效果，是很奢侈的享受。但就風水學來說，不當的庭園景觀，很可能影響到家庭運勢，帶來意想不到的災厄。尤其對身體健康方面，通常有直接的關係，輕則生病吃藥，重則住院開刀，甚至於危及生命。以下提供幾個重點，讓你做為參考依據，檢視是否有這些現象，那就要盡快改善，以避免嚴重後果。

一、花草樹木

在庭園景觀中，最常見的就是花草樹木，也是一般人最愛布置的。但在這方面要注意，不可以隨便擺設，否則將產生負面影響。像是花草方面，要常常修剪，避免太過雜亂，讓人看起來不舒服，心情就會覺得煩悶。再者，若是藤蔓類的植物，爬的到處都是的話，侵占到房屋的外牆，就非常的不理想，住在裡面的人，經常會有口舌是

非，容易犯官司小人，並且遮蔽了陽光，事業方面將受損，無法開展，健康也會每況愈下，受到陰氣的影響，生病會拖較久，一下子好不起來。樹木方面，要注意方位與造型，方位不能在門口中間，或是擋住了窗戶，這樣都不是很理想，一樣會沖犯陰煞，容易有官非小人，身體健康比較差。造型方面，最好是定期修剪，在種植的時候，要離住宅有點距離，以免遮蔽陽光，使住宅缺乏陽氣，或是突然傾倒，影響住宅安危。

二、池塘、噴水池

　　若是以前鄉下的三合院，房子前方通常會有池塘，或是自己挖水池、鑿井，而現在的西式建築，會在前方設置噴水池。這樣的庭園景觀，用意是非常好的，因為有山又有水，水代表財富、智慧，有源源不絕的象徵，但若是放錯位置，或是擺設不當，缺乏整理的話，反而會造成凶厄，帶來嚴重後果。像是水池、池塘方面，如果沒有流動，就變成死水，髒亂的死水會滋生蚊蟲，帶來相當的困擾，並且會產生惡臭，住家裡面的人，每天一打開大門就聞到，那感覺肯定很糟糕，心情將非常的差，承受相當的壓迫，每天都睡不安穩，容易被噩夢驚醒，自然就沒辦法開展運勢。噴水池方面，造型要大小適中，太大、太小都不好，再者，盡量採用活水，不停的流動循環，水池才不會變質，水柱要朝上噴射，不要往下流動，好像人在哭一樣，這樣反而不理想，家人經常會生病，甚至於發生意外。

三、假山、石碑

　　假山或石碑也是常見的庭園景觀，假山會配合流水，流水要緩慢的流，而不要形成瀑布，變成瀑布的流水，造成過多的水氣，使住宅

容易潮濕，長期影響的結果，家裡的人將承受不住，經常會生病、筋骨酸痛，或有呼吸道的疾病。再者，假山或石碑的造型，不要過於高大，才不會有壓迫感，讓人心生恐懼。若假山與石碑的位置，又剛好在家門前、窗前，就會擋住光線、氣流，若剛好在旺方的話，運勢將會受阻礙，而顯得綁手綁腳，沒辦法盡情發揮。健康方面，壓迫的情況，會使人容易緊張，可能產生心血管方面的疾病。

四、圍牆

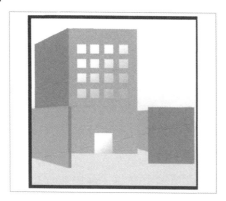

庭園景觀中，圍牆也是相當重要的地方，因為圍牆區隔內外，使得庭園景觀看起來整齊而有規劃。但圍牆的造型、顏色，必須詳加選擇，不然也容易產生問題，導致不良的影響。首先是圍牆的顏色，要選擇柔和的顏色，像是白色、米白色、黃色、鵝黃色等等，盡量避免黑色、深色系的顏色，才不會顯得死氣沉沉，跟花草樹木的顏色不搭配。而圍牆的造型上，高度不能太低或太高，或是太奇特的造型，因為圍牆有防禦的作用，象徵家人的自尊心，太低會顯得自卑，將遭受他人打壓，對事業、人際的開展，並不是相當有利，而圍牆太高的

話，則顯得夜郎自大，容易看不起人，經常有口角衝突，同樣影響到事業與人際關係的開展。而且圍牆太高將遮蔽光線、氣流，住宅沒辦法獲得陽氣，會比較陰暗、潮濕，運勢將逐漸衰退。

五、涼亭、其他建築

有些人喜歡生活情趣，所以希望住家前有涼亭，這樣就可以享受悠閒，看起來相當不錯，但就風水學來說，涼亭屬於陰煞的建築，設置在住家的前面，很容易帶來厄運，會招惹官非小人，身體健康也不好。嚴重的時候，還可能導致家庭失和、人際關係破裂。若是設置在住家後方，影響就比較小一點。再者，現代人喜歡養寵物，有時候會蓋狗屋、其他的建築物，而這些建築物要盡量遠離門口的位置，才能避免髒亂、惡臭的影響，不然家運將慢慢被侵蝕，而帶來負面影響。

我的學習筆記

肆

遠在天邊、
近在咫尺，
你不能不知道的陰煞

Day 31

陰煞

　　「陰煞」聽起來讓人覺得恐怖，不知道那是什麼東西，以為是妖魔鬼怪之類的東西，其實並不盡然。在風水學上所講的陰煞，範圍相當的廣泛，主要是指環境的因素，所造成的不良影響，像是房屋光線不充足，有些陽光照不到的角落，又缺乏燈光來照明，或空氣中帶有濕氣，通風效果不是很好，讓人覺得陰沉，不然就是土壤含有重金屬，這些都算是「陰煞」的部分，人一旦住在這種地方，時間只要久了，就很容易疲倦，慢慢變得沒精神，最後甚至會生病，影響到健康情況，使得人際關係、婚姻、事業、財運都沒有發展，運勢顯得非常的糟糕，因此要避免居住，現在將常見的陰煞，分為下列幾種情況。

一、墳墓

　　一般人都知道，墳墓是埋葬死人的場所，本身帶有很重的陰氣，並不適合人居住，所以會故意遠離，但是在台灣地小人稠的環境，土地往往取得不易，而且都市不斷向外擴展，許多鄰近的荒郊，早就變成新市鎮，很可能墳地被迫遷移，而拿來做其他用途，像興建學校或商業區等等，再者，有些時候，墳墓因為年久失修，根本沒有墓碑可言，早就隱沒在荒煙漫草，在建築房子的時候，常無意中蓋在墳地上

面，不知情的人若去購買，一旦搬進去住的話，對人的運勢會有很大影響，結果通常是不理想。

1・綠噬菌

墳地之所以不能住人，並不是風水所造成，而是因為有「綠噬菌」。在送葬習俗裡，如果去墳地下葬回來，身體覺得很勞累，老人家就會說，這是因為中邪或是被沖煞到，必須要改運化解，但其實是綠噬菌在作怪，才會有這種現象，「綠噬菌」比細菌還要小，肉眼根本看不到，幸虧毒性不是很強，但若是感染的話，會使人有噁心、頭痛、胸悶等不舒服的症狀，而且綠噬菌是透過皮膚入侵，所以若身處墳地之中，很難能夠完全預防。因為墳地埋葬的死人，屍體經過數十年後，綠噬菌也會自然產生，一旦有開挖的動作，那就會隨著曝光，蓋房子的時候，就會沿著樑柱往上爬，接著就進入居住空間，讓人產生疾病。

2・陰魂不散

在墳地附近居住，或蓋房屋不好的原因，是因為一般人相信，人們在死了之後，會有靈魂徘徊在墳地，而不願意輕易離開，就算把墳墓遷移，整個都清乾淨之後，還是會有靈魂眷戀，這些看不見的好兄弟，就會在房屋空間裡，跟你居住在一起，甚至和你有所接觸，跟你作怪搞鬼，弄得居家不得安寧，所以也不適合住人。

二、刑場

刑場是處決人犯的地方，所以陰氣特別重，有許多冤魂徘徊，像

是信義區的台北市政府附近，以前就有個刑場，這一帶連台北市政府，都經常傳出靈異事件，就連歷屆的市長，都曾經發生過被困在電梯的事件。而且信義區附近感覺很潮濕，是因為靠近四獸山，山區又經常下雨，加上刑場的緣故，諸多的因素形成，因此不適合人居住，環境不是很理想。

三、古戰場

傳統的觀念裡，古戰場也是陰煞聚集的地方，是因為死了很多人的緣故，台灣有名的古戰場，是基隆中正公園，十九世紀中法戰爭爆發，劉銘傳在這裡埋葬中國、法國的士兵，還有鹽寮、貢寮一帶，也都是古戰場，當年日軍侵略台灣，這裡發生過激戰，死過不少人。而二二八事件，台中車站前面，有許多被民眾殺害的官吏跟警察，埔里的牛楠溪、虎山，還有嘉義車站，都是國軍被圍剿的地方，以上這些都算是古戰場。古戰場讓人覺得陰森，是因為死人怨氣凝結，導致會有事情發生，像是命案或是車禍，如果不想辦法處理，就容易一直有問題，必須要興建陰廟來祭祀，比如說有應公、萬善公等等，才能夠順利化解，使得人們可以在附近居住。

四、屠宰場

屠宰場整天都在殺生，氣氛比刑場還要陰森，一般人不要說接近觀看，就算聽到動物哀嚎，也不敢接近了，更何況居住在附近。再者，這個地方死了很多動物，屍水滲入地下水層，環境相當不衛生，而且動物靈怨氣重，很喜歡搗蛋作怪，讓人非常頭痛，由於陰煞非常重，也不適合人居住。

五、寺廟、祠堂

　　寺廟、祠堂就風水學的角度來說，也算是一種陰煞建築。這跟官衙的情況差不多，都是屬於地理旺氣的地方，一般人不太適合居住，又寺廟跟祠堂的功能，主要是用來供奉鬼神，長年累月的祭祀下，自然聚集不少陰魂，磁場感應會比較強，所以有人居住的話，就會感覺到不安寧。像是嘉義民雄的媽祖廟慶安宮，在白河大地震之後被震垮，但是原來的地址卻被人侵占，使得神明無家可歸，但後來對方卻主動歸還，原因就是因為住家不平安，家中成員都出現問題，才會想把地方還給廟方。

六、池塘

　　池塘附近通常陰暗、潮濕，水氣又特別重，也容易滋生蚊蟲，所以也算是一種陰煞。以台北地區為例，在天母一帶，以前就有很多水塘，就是常說的爛泥巴地。後來建商為了興建房屋，用砂石把水塘填滿，但是效果卻不理想，地基底下會有流沙，只要日子一久，還是會慢慢下陷。另一種是海埔新生地，土壤有很多水分，情況也跟水塘差不多，不適合興建房屋居住，而且濕氣會很重，人如果住太久，身體一定會生病，而且運勢也不理想。有些時候，住家地下室若有積水現象，也會有不良的影響，除了常常生病外，睡眠品質也會很糟，經常會做噩夢，而改善的方法，除了整修地下室，就只有搬走一途了。

七、醫院

　　醫院也是常見的陰煞，因為很多人因為生病、受傷，或是想不開

自殺，全部都在這裡往生，所以徘徊靈魂很多，氣氛非常的陰森，加上「綠噬菌」的影響，所以不適合人居住。而台灣的醫院蓋了這麼多，將來恐怕會有隱憂，從風水角度而言，醫院是陰煞之地，若是供過於求，多餘的醫院就會荒廢，而這些醫院的空地，就會變成住宅區或商業區，若不知情的人居住，運勢將會大受影響。

八、官衙

以前官衙是政府辦公的地方，因此風水地理的考量，一定都是精挑細選、地理優良的環境，而且因為地氣較旺，所以顯得很貴氣，一般老百姓住不起，若不小心居住，恐怕會官司纏身，一定要做煞擋回去，像是雲林北港圓環附近，曾經是警察分局的舊址，後來興建成商業大樓，生意一直很不好，經營非常的淒慘，因此選擇住家要注意，不一定旺氣的地方，就適合人居住。

九、深井、礦坑

住家附近如果有深井、礦坑，這些也都屬於陰煞。若是深井的話，由於地下有水氣，就算把井給填平，在上面興建房屋，也無法阻擋水氣蒸發滲透，因此對人體健康不佳，而礦坑的地方，是挖空下面的土壤，所以會有很多坑道，基本上地質結構不穩定，一旦地震發生的話，就會顯得很不安全，大樓很容易崩塌，而且空洞的地方，地氣會跟人氣互相吸引，因此居住在此的人，腸胃通常有毛病，所以無論是深井或礦坑，都盡量不要在上面蓋房屋。

十、樹坑

　　樹坑就是大樹生長的地方，若忽然被挖走掏空，然後在上面蓋房屋，那麼就會形成一種陰煞。為什麼會有陰煞呢？因為大樹在生長的時候，需要充足的養分跟水分，所以在根部的地方，一定會非常廣、非常深，才能夠維持成長，特別是吸收水分的現象，如果砍掉大樹蓋房子，房子會因為水氣向上流，住家地面就會很潮濕，而且很難根除，人們一旦居住久了，難免會影響健康，而且對家運也不太好。

我的學習筆記

Day 32

煞氣其實無所不在

道路沖煞

一、道路反弓煞

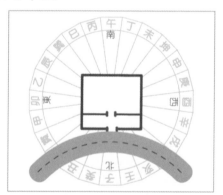

　　住宅前方的道路，如果呈現C字形，住宅又剛好位於轉彎點上，這樣子的道路，就容易產生煞氣，會帶走住宅旺氣，讓各方面都不順利，事業中途會失敗，而無法東山再起，財運很難守住，會有流失的現象，家人的健康不佳，容易有意外災害，但如果住家超過十層樓，影響就會比較小。

二、道路穿心煞

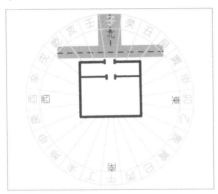

　　住宅旁邊如果是T形道路，剛好又位於交叉點上，這樣一來，煞氣就會特別嚴重，家中的成員容易遭受意外，會有傷亡的現象，或是容易生病，必須開刀動手術，但情況會一直拖延，卻沒有好轉的跡象，事業、財運不理想，招惹官司跟小人，家運一直在衰退，人口逐漸外移。

三、道路暗箭煞

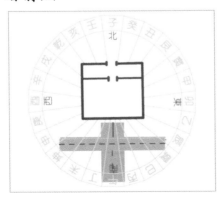

　　住宅後面的道路，如果呈現T字形，又剛好在交叉點上，道路直

沖過來的話，這樣子的煞氣，容易招惹小人，暗中扯你後腿，導致你處處受打壓，沒辦法順利進展，甚至於嚴重破財，再者，家人健康不理想，很容易生病，或是長期吃藥。

四、道路鐮刀煞

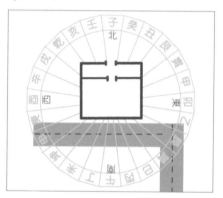

住宅的位置，如果在L形道路旁邊，又剛好是反弓點的話，這樣子的煞氣，就叫做「鐮刀煞」。家中會不得安寧，容易有偷盜的現象，損失不少財物，再者，會有血光之災的意外，導致身體健康受損。

五、道路尖射煞

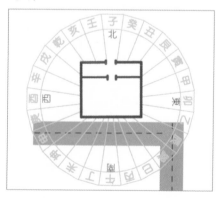

　　住宅的位置，如果位於K形道路的交叉點，就成為「萬箭穿心」的格局，這樣子的煞氣，又叫做「尖射煞」。住在裡面的人，脾氣會變得暴躁，很容易心神不寧，無法安靜下來，易與人發生衝突，引起不必要的糾紛，外出會遭受意外，而發生血光之災。

六、道路死氣煞

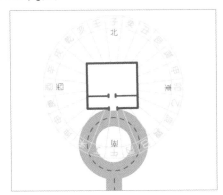

　　住宅的位置，如果位於圓環道路的頂點，又剛好只有一個出路，這樣子的煞氣，就叫做「死氣煞」。住宅被沖犯到的話，氣場就會呈現停滯，沒有辦法循環不息，而顯得死氣沉沉，讓人精神變憂鬱，提不起精神工作，就沒機會升遷，接著財運受到影響，也賺不到什麼錢，還可能額外損失。

橋樑沖煞

一、橋樑反弓煞

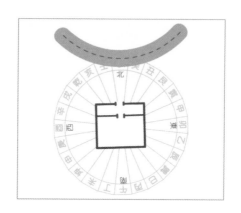

　　住宅旁有天橋或高架橋，如果在C字形彎曲點附近，而且是正面迎向的話，就像有鐮刀割過來，這就叫做「鐮刀煞」。遭受這樣子的煞氣，住宅會受到影響，容易有意外發生，而導致血光之災，並且財運會受損，常常有破財現象，當人住久了之後，健康情況也會變差，有許多毛病發生。

二、橋樑拖刀煞

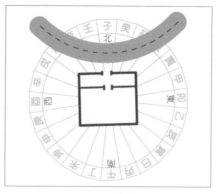

　　住宅旁有天橋或高架橋，如果在C字形彎曲點附近，但彎度不是

很大，住宅也不是正面迎向，就叫做「拖刀煞」。沖犯到拖刀煞的話，容易有意外災害，也會有破財現象，是屬於反弓煞的一種。

三、橋樑圓頂煞

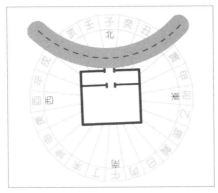

住宅旁有天橋或高架橋，如果在C字形彎曲點附近，但是由於住宅較低，沒有比橋樑高的話，就像是蓋了圓頂一樣，這就叫做「圓頂煞」。一般來說，四樓以下的住宅，比較有這種現象，房屋運勢會受到壓制，而沒辦法向上攀升，住在裡面的人，很容易生病吃藥，健康情況不理想，再者，財運會有耗損，特別是遭人拖累，承受不必要的麻煩，且容易欠下債務。

我的學習筆記

Day 33

建築物沖煞

一、建築天斬煞

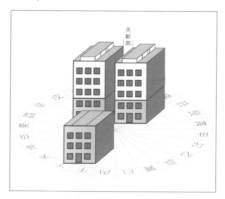

　　住宅的前方建築物，剛好對著兩棟的縫隙，也就是通道部分，這就叫做「天斬煞」。一般來說，通道越細的話，建築物越高，越靠近住宅，煞氣也就跟著加重，對住戶非常不利，無論是正面，或背面，或側面對到「天斬煞」，結果都相當不好。住戶多半會經常生病，查不出病因，容易罹患慢性病，再者，事業受到阻礙，而無法出人頭地，財運也會跟著受損，意外破財的機會多。

二、建築穿心煞

　　住宅的正前方，如果有建築物聳立，而且非常的明顯、高大，像是石柱、石碑、燈塔、電線桿、高壓電塔、煙囪、水塔、樹木等等，這就叫做「穿心煞」。類似天斬煞的影響，住戶會體弱多病，常常花錢看醫生，而且有血光意外，身體健康受威脅，再者，事業容易犯小人，人際關係惡劣，嚴重時官司纏身，恐怕有牢獄之災。

三、建築沖天煞

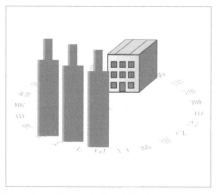

　　住宅若有「沖天煞」，通常會有兩種情況，一種是他人的沖天煞，

一種是自己的沖天煞。如果是他人的沖天煞，一般又叫做「香煞」，就是住宅的面前，有著直立高大的建築物，而且數量滿多的。自己的沖天煞，就是住宅呈現山形，自己的建築物比較高，旁邊的建築物卻很低。這樣的煞氣，家運會很不穩定，各方面的落差很明顯，很難掌握情況，再者，身體健康比較差，經常會生病吃藥，拖很久都不能痊癒。

四、建築刺面煞

　　住宅的附近正對著尖石，或是尖銳建築物，例如碟形天線的話，這就叫做「刺面煞」。遭受「刺面煞」的影響，住宅會有血光之災，而且影響到財運，容易有宵小闖入偷竊，事業方面，會招惹官司小人，運途相當不順利，若逼不得已的話，甚至於會鋌而走險，很容易誤觸法網，而有牢獄之災。

五、建築刀劈煞

　　「刀劈煞」又叫做「天刀煞」，就是住宅對著商店招牌，或是各種廣告看板，就像一把刀砍過來，這樣子的煞氣，一般會發生在較低的

住宅，遭受影響的話，家中容易發生意外，而導致身體受損傷，或外出發生交通意外，跟人家有擦撞，必須花錢消災。

六、建築尖射煞

　　住宅附近的地方，如果有尖角物相對，像是牆角、屋角、招牌、建築物等等，就叫做「尖射煞」，遭受尖射煞影響，住宅會很不平安，經常會發生意外，導致錢財耗損，再者，人際關係不佳，會與人家結怨，而有小人暗中破壞，外出會被人家欺負，要想辦法改善才好，可以懸掛凸透鏡，或是利用五帝錢，就可以減輕煞氣。

七、建築隔角煞

　　住宅對面有建築物，如果剛好對到屋角，直接沖射到正門，就叫做「隔角煞」，家中運勢會衰敗，而沒有辦法旺盛，也很容易生病，精神顯得較煩躁，影響事業的開展，財運也無法聚集，遇到這樣的煞氣，可以用大型盆栽，或是加窗簾來化解。

八、建築沖箭煞

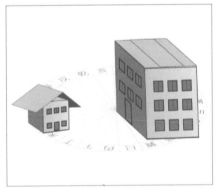

　　住宅前面的位置，如果有建築物的屋角或屋脊，像是寺廟或教堂之類，這就叫做「沖箭煞」，會有不良的影響，而且會接二連三，人際

關係會變糟，口舌是非不斷，經常發生糾紛，很且很難排解，再者，對人丁會有傷害，外出有意外災難，要注意生命安全。

九、建築暗箭煞

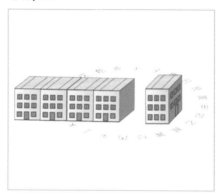

　　住宅的正後方，如果有一排長屋直射過來，這就叫做「暗箭煞」。沖犯「暗箭煞」的話，會有小人在作祟，讓你非常頭痛，必須花時間周旋，事業會受到阻礙，財運也跟著受影響，再者，身心無法平靜下來，會產生各種毛病，嚴重的話，還可能開刀住院，必須破財消災。

十、建築推車煞

　　住宅的正後方，如果有兩排長屋直射過來的話，這就叫做「推車煞」。如果住宅有推車煞的話，精神壓力會很大，而沒辦法平靜下來，整天往外跑，不願意回家待著，同時人際關係變差，容易產生疏離感，對人沒有安全感，做事也缺乏信心，錢財的管理失當，會被人家慫恿，沒有主見，而導致破財。

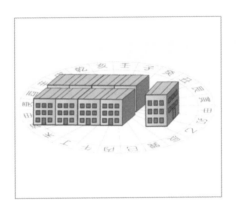

我的學習筆記

Day 34

園藝植物煞到你家，
你還傻傻不知道

　　住家附近的環境，如果有植物的話，特別在都市裡，由於充滿了綠意，會讓人心曠神怡，覺得是很不錯的事，但如果是高大的樹木，有可能擋住陽光，使得住家變陰暗，在風水學理論中，樹木也算是一種煞，不當方位的樹木，或是樹木產生妨礙，對於居住的人來說，會造成不良的影響，身心很不容易平靜。以下就介紹樹煞分類，並且詳細說明。

一、懸針煞

　　懸針煞就是門口前面，有一棵筆直的大樹，剛好正對著住家，這

就好像鼻樑前面有一支筆，除了擋在那裡之外，若看久了會眼花，甚於頭暈目眩，導致精神不濟，很容易分心。就風水學而言，這棵樹會阻礙氣的流動，使得家裡磁場混亂，造成家裡發生意外、血光之災，會有偷盜的現象，甚至於人際關係失和、官司纏身，所以最好是砍掉，不然就是移走。而有時候電線桿擋在門口，也會產生類似的現象，這種通常就是懸針煞，必須要盡快處理才行。

二、暗堂煞

暗堂煞，顧名思義就是陰暗的意思，表示光線被大樹擋住，客廳的地方沒有陽光，而且看不到屋外景色。通常是房屋外面有整排大樹，生長過於旺盛茂密，因此才有這種情況，這樣會讓人視力不好，眼睛容易出問題，而且前面明堂受阻，擋住家裡的運氣，事業將一落千丈，而沒有辦法振作。

三、分家樹

樹木如果分岔生長，就是枝幹變成兩截，就好像兩個人要分開一

樣，這就叫做分家樹。如果有這種現象，表示家裡成員會失和，吵鬧得很厲害，尤其若有財產的話，兄弟姊妹很可能會分家，各自發展，若是夫妻的話，有可能會離異，而無法長相廝守。

四、困字煞

如果住家有庭院的話，一般人都喜歡種植花草樹木，來增添生活情趣，以及和諧的氣氛，這原本無可厚非。但若是樹過於高大，就會有不良的影響，看起來就像個困字，讓人聯想龍困淺灘，這對家運不

是很好，任何事情都不順利，沒辦法有所開展，會顯得相當貧困，而一生缺乏成就。所以種植樹木的時候，千萬不要太高大，盡量適中最理想。

五、傾家樹

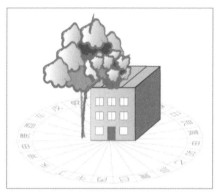

樹木如果太高大，枝葉又非常茂密，甚至比房屋還高，擋住了光線不說，就好像泰山壓頂的氣勢，把房屋給遮掩起來，特別是屋頂的部分，這樣就有不良影響，除了昏暗之外，也容易有濕氣，這樣住家的運勢會每況愈下，精神方面也會出問題，不是產生憂鬱症，就是精神異常，所以必須注意，將枝葉修剪一番，不要讓房頂被遮蔽。

六、逆天樹

逆天樹的形成，就是房屋建造時，地基上面有樹木，但是卻沒有砍掉，讓房屋圍繞樹木建造，因此樹木會從天井的部分，不斷向外生長冒出頭來，像是房屋長了角一樣，令人覺得好笑，產生這樣的現象，家中運氣將會衰退，沒有辦法興旺起來，並且健康會受影響，容

易有突發的意外，所以盡量要避免。

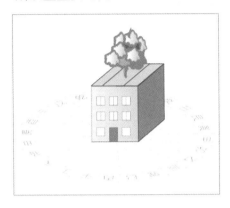

七、破家樹

　　住家附近有樹木，而且距離很近，那就有可能變成「破家樹」。破家樹就是說樹木的根莖，由於不斷生長，而深入到房屋結構，像是地基或牆壁等，如果是這樣的情況，房屋運勢會受影響，逐漸地衰退敗壞，尤其是錢財方面，很容易投資失敗，導致負債或破產的現象，因此最好馬上處理，不要讓樹木太靠近，就不會形成破家樹。

八、忤逆樹

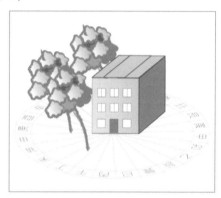

　　忤逆樹的特徵，就是樹木枝幹全部朝外，而不是向著房屋生長，在沿海地區，風比較大的地方，通常就有這種現象，家裡的成員，個性會較叛逆，脾氣會較倔強，凡事不願認輸，會爭執到底，因此很早就會外出謀生，而不會選擇待在家裡，在磁場的影響之下，讓人覺得待不住，會主動往外跑，無法累積好運勢。

九、盜賊樹

　　「盜賊樹」的主要特徵，剛好跟「忤逆樹」相反，是樹木的所有枝

幹，全部都朝房屋裡生長，發生這樣的現象，家中很容易遭竊，會損失財物，或者跟人結怨，對方來家中索討、霸佔家產、誘拐妻女，若不趕快處理，情況將越來越嚴重，會受到滿大的打擊。

十、疴僂樹

住家旁邊樹木的形狀，也能夠反映住家人體，這就是「疴僂樹」。意思是說，如果樹木有彎曲的現象，那麼住家成員的健康，也將有不良的影響，很容易腰酸背痛，或是有駝背的現象，如果一直不去理會，健康會越來越糟糕，最好的方式是砍掉，效果會比較明顯。

十一、拱合樹

「拱合樹」就是兩棵樹木，彼此的枝幹互相連結，好像一對夫妻一樣，形成像拱門的形狀，這樣的現象不太好，俗話說：「宅木成拱、家中無老翁。」表示拱合樹會讓家中長輩早死，只留下年輕人在，沒辦法三代同堂，享受天倫之樂，所以必須盡快處理，才能避免影響。

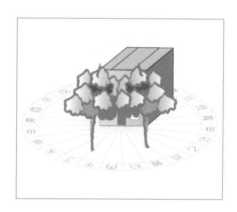

十二、披蘿煞

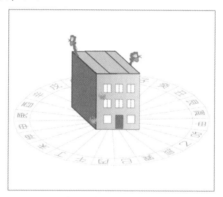

　　房屋外面的牆壁，如果有爬藤植物，而且佈滿整個外觀，那麼居住在裡面的人，很容易精神異常、行為失當，或遭小人陷害、官司纏身。一來是爬藤植物阻擋了光線，房屋常覺得陰涼、潮濕，根部也會讓牆壁龜裂，而形成不少縫隙，這都會破壞家宅運勢，居住在裡面的人，健康情況也不理想，必須注意心臟病。

十三、邪風樹

外觀的牆壁或是屋頂，因為年久失修的關係，經常會有裂縫產生，如果有植物種子飄散，或鳥類的糞便傳播，就容易長出野花雜草，而且不斷的多處累積，看起來很不舒服，覺得有破舊的感覺，如果還有積水現象，那還可能長出青苔，遍佈在地板或牆壁上，房屋就會很潮濕，對人體健康有害，會有腦血管病變，這些植物就叫做「邪風樹」。有邪風樹的話，家中的成員，精神容易錯亂，嚴重時會發瘋，必須趕快處理，如果不能夠整修，就要立刻搬家。

十四、悽伶煞

　　樹木要枝葉旺盛，否則失去了生命，就形成枯木一般，那就會死氣沉沉，讓人覺得很淒涼。通常住家附近的樹，如果有這種現象出現，地氣八成有問題，已經慢慢在衰退，要及早注意預防。不然，很容易運勢低落，提不起精神，事業會遭遇瓶頸，財運也無法開展，生活過得很貧窮、困苦，一點也開心不起來，最好的方法就是砍掉樹木，才可以化解悽伶煞。

十五、淫風樹

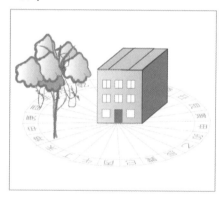

　　樹木若被其他植物寄生，像佈滿了爬藤或青苔，那麼就叫做「淫風樹」。住家附近有淫風樹，男女關係就會紊亂，感情很容易出軌，交往對象不固定，夫妻之間有第三者，出現外遇的情況，在如此的風氣之下，名聲會有不良影響，必須要加以改善。

十六、蠱風樹

　　如果樹幹中間有個洞，能讓風吹過去，而又發出聲響的話，這就叫做「蠱風樹」。住宅附近有蠱風樹，居住的人會不安寧，很容易神經

緊張，沒辦法睡得著覺，而且會噩夢連連，甚至於見到鬼魅，不然就是健康受損，會有腹瀉，或食物中毒的可能，必須盡快處理。

我的學習筆記

Day 35

借力使力、四兩撥千金，
教你沖煞化解法

一、丁字煞的化解法

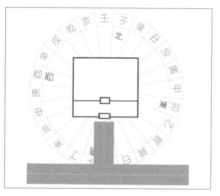

　　若是建築物位於丁字路口中央，迎面而來的是馬路，就叫做丁字煞。要化解丁字煞的話，可以在建築物前面，做一個天心池，不但可以化解路煞，還可以將路沖變成明堂，是很不錯的方法。

二、空亡煞的化解法

空亡煞就是屋前有兩排住家建築物，中間有個很窄的巷道，朝你家的方向而來，這也算是路沖的一種，叫做空亡煞。若是要化解空亡煞，並沒有任何方法，最好是趕快搬走，若沒有辦法的話，只好將前面的大門跟窗戶封住，就能降低空亡煞的傷害。

三、橫阻煞的化解法

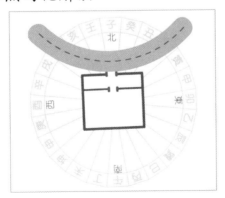

橫阻煞就是房屋前面，有較高的建築物，或是堤防、高架橋等等，由於阻擋在前方，就像有人妨礙，不讓你過去一樣，所以對事業

前途，會有不良的影響，若剛好是高架橋的話，噪音更是不絕於耳，住家也會跟著震動，根本無法享受寧靜，住家品質非常惡劣。對於橫阻煞並沒有什麼化解方法，只有趕快搬走，不然只好封住窗戶，以及面對外面的地方。

四、刀斬煞的化解法

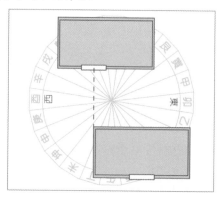

刀斬煞又叫做壁刀煞，就是兩排面對面的房子，由於沒有對齊，會有一邊的建築屋角，對著另一邊住家的大門。若發生這種現象，對到屋角的人，很容易發生意外災害，像是車禍，或是開刀動手術，再者，官司不斷、耗損財富，家庭也經常吵鬧，氣氛相當不和諧。壁刀煞並沒有很好的化解方式，只能夠加裝鏡子反射，減低煞氣的作用而已。

五、劍刃煞的化解法

劍刃煞跟壁刀煞一樣，但並不是正面迎來，而是側面對著房屋，若是有這種現象的話，會遭受小人暗算，工作上會很不順利，家人也

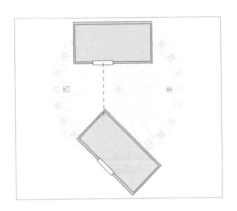

會有血光之災，嚴重的話，恐怕有生命危險，若是對著家中廚房或廁所，對家人健康也不理想，會有疾病產生，有開刀動手術的可能。至於劍刃煞的化解方法，就是趕快搬家，不要繼續住下去，不然就是利用凸透鏡，來降低煞氣的影響。

六、懸針煞的化解法

懸針煞就是房屋前面有樹木，或者是電線桿，筆直的出現在門口前方，家中有官司纏身的現象，也容易阻礙事業前途。化解懸針煞的

方法，就是移走前方的樹木或是電線桿，情況會比較理想。

七、斷頭煞的化解法

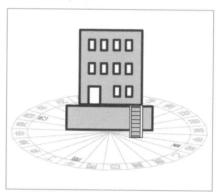

斷頭煞就是將地基墊高，特別是明堂的部分，像現在流行的房屋，一樓當作車庫，二樓才是客廳，就會有斷頭煞的影響。斷頭煞會使家中子孫鋌而走險，喜歡偷雞摸狗，凡事不按部就班，不是變成詐欺犯，就是成為流氓，連累家中的長輩。

八、悲吟煞的化解法

悲吟煞就是房屋前面有瀑布，或是水流經過，不然就是人工池，有這種情況的話，就好像有人整天在門口哭泣，讓你心情很不愉快。住久了以後，夫妻感情會不和睦，工作效率會降低，個性會變得很不穩定，常出現許多差錯。化解悲吟煞的方法，就是趕快搬走，若是人工造景的話，則可以馬上拆除，那就不會有影響了。

九、靈樞煞的化解法

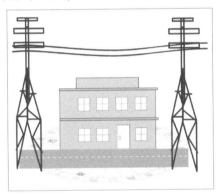

靈樞煞就是房屋有高壓電塔經過，或者被高壓電塔壓到，因為有大量的電流，會影響到人體的健康，在這裡住久了以後，容易有腫瘤的疾病，必須要開刀動手術，再者，體力跟記憶力也會減退，對事業相當不利。化解靈樞煞的方法，除了趕快搬走之外，就是將高壓電塔遷移，至少要兩、三百公尺才行。

十、披蘿煞的化解法

披蘿煞就是房屋的牆壁，都爬滿了藤蔓植物，看起來相當陰森，住在這種地方，會招惹小人、官司纏身，容易有口舌是非，人際關係

不協調。化解披蘿煞的方式，就是把牆壁清理乾淨，重新粉刷外牆就可以。

Day 36

十一、淫風煞的化解法

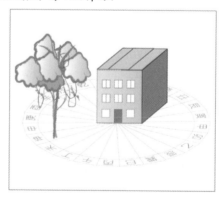

淫風煞就是屋外的大樹，被其他的植物所寄生，或是有許多藤蔓依附，就像有人披頭散髮似的，家中的人，會做出傷風敗俗的事，影

響家人的聲譽。化解淫風煞的方式，就是整理那棵大樹，或是直接砍掉也可以。

十二、癲狂煞的化解法

屋房因為年久失修，到處長滿了植物，或是佈滿了青苔，牆壁出現裂縫，這就會產生癲狂煞。住在裡面的人，精神很容易異常，遭遇靈異的現象，人際關係的溝通會出問題。化解癲狂煞的方式，就是趕快整修房屋，清除雜草植物，重新粉刷油漆，就不會有不良影響。

十三、暗口煞的化解法

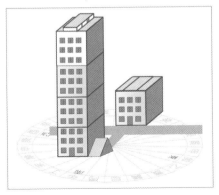

　　暗口煞就是大門正對著別人的車庫，或是大樓的車道，那將會影響健康，經常會生病吃藥，精神顯得不正常，特別是小孩子，情況會很明顯。化解暗口煞的方法，就是掛一面鏡子，將煞氣反射回去，就不會有什麼問題。

十四、埋兒煞的化解法

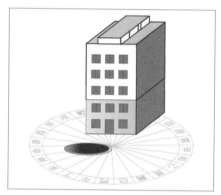

　　若是房屋前面的明堂，有池塘、水池，或是水井的話，就叫做埋兒煞。對後代子孫不利，很難生兒育女。化解埋兒煞的方法，就是盡快搬移水池，或者是填平池塘，就可以順利、平安。

十五、飛蝨煞的化解法

　　飛蝨煞就是住家外面有電線桿經過，而電線桿的電線就像蟲飛過眼前，會造成干擾，影響家人的健康。化解飛蝨煞的方法，就是將電線桿移走，或是調整電線的高度，就不會造成影響了。

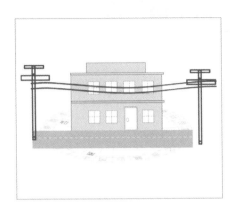

十六、當頭煞的化解法

　　房屋前有人工造景，像是石頭或是假山之類，剛好擋住了大門口，就叫做當頭煞。當頭煞會讓人產生口角，是非糾紛不斷，事業也不能發展，夫妻感情容易失和，健康情況也不佳。當頭煞的化解方法，就是直接拆除石頭或假山，若是沒辦法移走，就想辦法種植花草，種在門口來遮掩，才能夠降低煞氣。

十七、悽伶煞的化解法

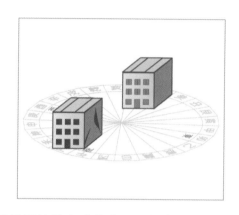

　　悽伶煞就是房屋的前方或後方，剛好有沒人住的空屋，到了晚上的時候，出現狗叫或貓叫，讓人聽來覺得很陰森，毛骨悚然。這種煞氣的影響，會讓家中人口凋零，年輕人都外面跑，不想待在家裡，甚至於離家出走，子女跟父母鬧翻。化解悽伶煞的方法，就是拆除這些空屋，不然就是種植樹木，來跟這些空屋做區隔，就可以有所改善。

十八、太歲煞的化解法

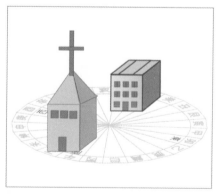

　　太歲煞就是房屋的前方或後方，出現宮廟、寺院、教堂或是其他

宗教場所，這就好像太歲當頭。住在這種地方，很容易出現災禍，官司特別多，小孩也特別難管教。化解太歲煞的方法，就是趕快搬家，不然就是請對方移走，否則就沒有其他辦法了。

十九、蟲風煞的化解法

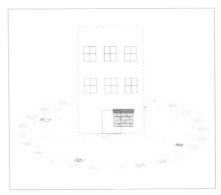

　　房屋內有水池或是廢井，不然就是地下室積水或牆壁漏水，這就叫做陰幽水，也叫做蟲風煞。住在裡面的人，腸胃會出現毛病，健康情況不理想，而且睡眠品質很差，除了噩夢連連之外，還容易撞見鬼魅，女性則容易子宮病變。化解蟲風煞的方式，就是把水池或廢井移走，清理地下室的積水，恢復地下室的乾淨，就可以改善不良影響。

我的學習筆記

國家圖書館出版品預行編目資料

大師教你36天學會風水學／陳哲毅著.
　第一版——臺北市：知青頻道出版；
　紅螞蟻圖書發行, 2007.12
　　面；　　公分. ——（五術學院；1）
　　ISBN 978-986-6905-81-0（平裝）

1.相宅
294.1　　　　　　　　　　　　96023030

五術學院　01

大師教你36天學會風水學

作　　者／陳哲毅
美術構成／劉淳淓
校　　對／周英嬌、楊安妮、陳哲毅
發 行 人／賴秀珍
總 編 輯／何南輝
出　　版／知青頻道出版有限公司
發　　行／紅螞蟻圖書有限公司
地　　址／台北市內湖區舊宗路二段121巷19號（紅螞蟻資訊大樓）
網　　站／www.e-redant.com
郵撥帳號／1604621-1　紅螞蟻圖書有限公司
電　　話／(02)2795-3656（代表號）
傳　　真／(02)2795-4100
登 記 證／局版北市業字第796號
法律顧問／許晏賓律師
印 刷 廠／卡樂彩色製版印刷有限公司
出版日期／2007年12月　第一版第一刷
　　　　　2017年12月　　　　第三刷（500本）

定價320元　港幣107元
敬請尊重智慧財產權，未經本社同意，請勿翻印，轉載或部分節錄。
如有破損或裝訂錯誤，請寄回本社更換。
ISBN　978-986-6905-81-0　　　　　Printed in Taiwan